ZHONGHUA WENMINGGUSHI
中华文明故事

明朝铸辉煌

陈建中 ◎主编　　赵显明 ◎编著

希望出版社

图书在版编目（CIP）数据

中华文明故事．明朝铸辉煌 / 赵显明编著 ；陈建中主编．
-- 太原 ：希望出版社，2019.6（2021.6重印）
ISBN 978-7-5379-8132-3

Ⅰ．①中… Ⅱ．①赵… ②陈… Ⅲ．①文化史－中国
－明代－青少年读物 Ⅳ．① K203-49

中国版本图书馆 CIP 数据核字（2019）第 098957 号

图片代理：全景视觉

中华文明故事 / 明朝铸辉煌

陈建中　主编　　赵显明　编著

出 版 人：孟绍勇
策划组稿：杨建云　　赵国珍
项目统筹：翟丽莎
责任编辑：赵晓旭
复　　审：柴晓敏
终　　审：侯天祥
装帧设计：陈东升　　罗紫涵
美术编辑：王　蕾

出版发行：希望出版社
地　　址：山西省太原市建设南路 21 号
开　　本：720mm×1000mm　1/16
版　　次：2019 年 6 月第 1 版
印　　张：8.5
印　　次：2021 年 6 月第 2 次印刷
印　　数：5001-10000 册
印　　刷：三河市同力彩印有限公司
书　　号：ISBN 978-7-5379-8132-3
定　　价：30.00 元

中华文明故事

明朝铸辉煌

目录

明朝是中国历史上最后一个由汉族人建立的君主专制王朝。明朝前期综合国力强盛，疆域十分辽阔，南到安南，北达大漠，东至大海，西越新疆，领土面积达 1100 万平方千米。

明朝近三百年间，既没有汉唐两朝被迫和亲之虞，也没有两宋时期被迫岁币之危。由于开国皇帝朱元璋出身贫苦，所以明朝初年的经济政策对民生相当有利，百姓安居乐业，商品经济发达，甚至出现了世界上最早的资本主义萌芽。连取代明朝的清朝统治者都不得不称赞明朝前期不仅"治隆唐宋"，而且"远迈汉唐"。明朝直到灭亡，仍然"天子御国门，君王死社稷"，是顽强地"站"着死的，因此，明朝是中华五千年文明史上的一个辉煌时代。

明朝是在行将跨入近代文明之际灭亡的，因此，它虽然灭亡了，却为后世留下了伟大的文明成果。

明朝重修元大都，使地处沙漠边缘的北京城变成了世界上最美丽的城市之一。

明朝编撰了著名的《永乐大典》，对中国古代典籍进行了全面的纂修和整理，为中华古文明的传承做出了重大贡献。

明朝的文学艺术达到了历史的巅峰，书法、绘画、戏曲、小说都取得了辉煌的成就。

明朝的社会经济得到了迅速的发展，农业、商业、丝织、陶瓷、冶金等手工业及园林修建都取得了丰硕的成果。

明朝在军事上也是中国历史上最强盛的时期，郑和率领庞大的远洋船队七次出海，到达了遥远的非洲西海岸，拉开了世界航海史的序幕。伟大的民族英雄郑成功从荷兰侵略者手中收复了祖国的宝岛台湾。

重修北京铸辉煌

　　元朝末年，生活在底层的汉人和南人被逼得走投无路，掀起了波澜壮阔的起义浪潮。

　　最先发难的是韩山童、刘福通领导的起义军，接着，大江南北纷纷树起义旗，由于当时各地起义军全都头扎红巾，因此历史上称其为红巾起义。1368年，朱元璋称帝，立国号为"明"，亦称"朱明"。

　　明朝有一项最重要的贡献，就是留下了一座风景秀丽、宏伟壮观的北京城。

　　民间传说，燕王朱棣迁都北京前，先派他手下那两位神通广大的军师——刘伯温和姚广孝——去修建北京城。

　　据说，刘伯温和姚广孝接受了修建北京城的任务以后，就开始绘制建城的蓝图了，画来画去，怎么也画不出来，两人都快愁死了。这天，两人在午睡中做了个一模一样的梦：梦见自己在路上行走，前面有一个三头八臂、身披红绫的小孩子，回过头来笑着对他们说："照着我画不就行了！"两人醒了以后，想了想，这不是哪吒嘛，于是，他们就照着哪吒的样子绘制了北京城的草图，北京这座"八臂哪吒城"就是这么来的。

其实，这只是传说。北京的"八臂哪吒城"是元朝刘秉忠设计的。

定鼎中原

红巾起义是白莲教发起的。白莲教也称明教，是波斯"摩尼教"在中国的分支。韩山童、刘福通和朱元璋都与明教关系密切。这也是朱元璋建立的新王朝国号为"明"的原因之一。

朱元璋

白莲教酝酿起兵时，首领韩山童不幸被捕牺牲。因此，起义后，刘福通立韩山童的儿子韩林儿为"小明王"，并很快在安徽亳州建立了农民政权，国号"大宋"。

元至正十七年（1357年），刘福通率红巾军兵分三路讨伐元军，自己亲率主力攻占了东京汴梁（今河南开封），把"大宋"政权的都城也迁到了汴梁。

朱元璋南京称帝

占据濠州的红巾军首领叫郭子兴。元至正十三年（1353年），郭子兴的队伍中加入了一个重要人物——朱元璋。

朱元璋出身于贫苦的农民家庭，作战勇猛、身先士卒，很快就成为郭子兴的心腹爱将。不久，郭子兴病逝，朱元璋就当上了这支队伍的主帅。

元至正二十三年（1363年），元朝统治者派重兵攻打汴梁，刘福通牺牲，朱元璋救出了小明王韩林儿。经过这一仗，朱元璋当上了红巾军的最高军事统帅。

朱元璋率军吞并了多路起义军，很快就占据了长江以南的广大地区。至正二十六年，朱元璋遣部将廖永忠接小明王到应天，途中舟覆，小明王溺死。

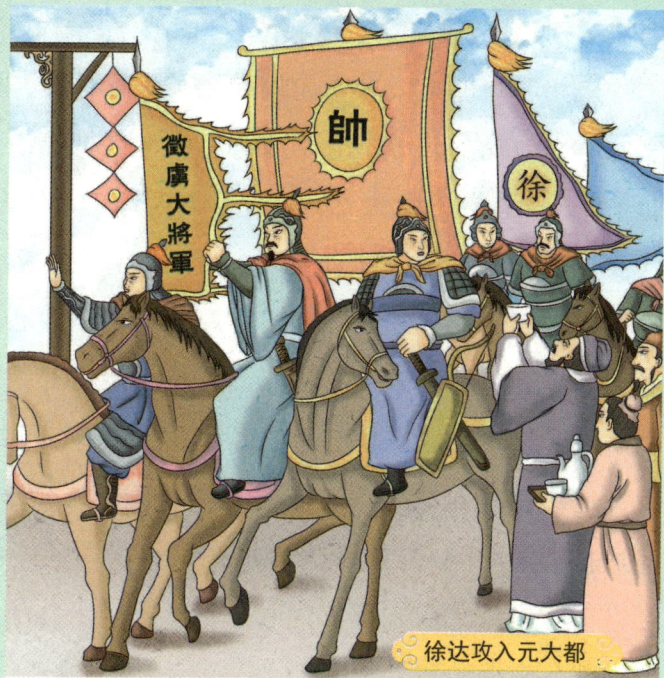

徐达攻入元大都

1368年正月，朱元璋在应天府称帝，并改应天府为南京。因为他的部下有许多明教的信徒，所以立国号为"明"，朱元璋也成了明朝的开国皇帝——明太祖。

八月，朱元璋派大将徐达率军攻克元大都（今北京），结束了蒙古贵族在中原的专制统治。

永乐帝迁都北京

朱元璋称帝后，先立大儿子朱标为皇太子。但是，朱标英年早逝，朱元璋只好再立朱标的儿子朱允炆为皇太孙。洪武三十一年（1398年），朱元璋去世，皇太孙朱允炆即位（明惠帝）——历史上称为建文帝。

建文元年（1399年），朱元璋的第四个儿子——镇守北平府的燕王朱棣在军师姚广孝的辅佐下，打着"清君侧"的名义，对自己的亲侄子建文帝朱允炆发动了一场争夺皇位的战争——"靖难之役"。

朱元璋知道皇太孙朱允炆和太子朱标一样，是个温文尔雅的君子，因此对其他几个儿子十分不放心。很早就把燕王朱棣封在北部边陲之地北平府——以前的元大都，以免他对明朝的中央政权构成威胁。

按说，燕王朱棣仅有十来万人马，怎么能敌得过皇家"正统之师"呢？原来，明太祖朱元璋定鼎中原之后，不放心那帮同生死、共患难的老弟兄。为了保证朱家皇权永固，朱元璋大开杀戒，把能征惯战的大将都杀光了。朱棣造反时，建文帝手下已经没有了统兵大将。

这场"靖难之役"，从1399年开始到1402年朱棣攻下南京为止，前后持续了4年。建文帝朱允炆在大火中下落不明，燕王朱棣当上了皇帝，年号永乐，后人称其为永乐帝。永乐十九年（1421年），这位皇帝把国都从南京迁到了北京。

徐达收缩北京城

明代北京城是在元大都的基础上修建的。最初不是扩建，而是往回缩：元大都的城垣周长60里（30千米），为了便于防守，徐达重修的北京城周长只有45里（22.5千米），缩小了四分之一呢！

明代重修北京城，前后一共修了三回！第一位主持修建北京城的是大元帅徐达。

徐达修建的北京城比原先的"元大都"整整小了四分之一！为什么呢？原来，当时逃到漠北草原上的北元政权还有很强的军事实力，徐达缩小北京城是出于军事防御上的考虑。

《 修建南北城垣 》

徐达攻占元大都的时候，元大都的城垣东西南北都是端正平直的，城墙是版筑的夯土墙。按现在的标准来推算，当时的城墙高约14米—16米，顶宽7米—8米，周长近30千米，城的四面设有11座城门。

明军攻城的时候，城墙损坏相当严重。徐达进入元大都后就开始了对城墙的修复。

同一座城墙，当人们攻城的时候总是嫌城墙太厚、太高、太坚固；守城的时候又嫌城墙不厚、不高、不坚固，大元帅徐达也不例外。他占据了元大都以后，立即从军事防御的角度对原来的旧城墙进行了改建。

徐达发现，元大都北面的城垣太广阔，不利于防守，于是就将原来的城墙向南收缩了将近5里（约2.5千米），然后，又重新修建了一道北城墙。

元大都北城墙在今天北京的"元大都遗址公园"附近——现在的北三环和北四环之间，而明代新修的城墙却与现在的二环路重合，缩小了许多。

徐达重修城垣的第二项措施是加固老城墙。由于元大都的老城墙完全是夯土墙，徐达认为不够坚固，于是，下令对土城墙进行"包砖灌浆"。

这项工程持续了很久，从徐达重修元大都开始，一直延续到正统年间，前后用了几十年才把城墙的内、外两面都用砖包上。所以，老北京的城墙外面是砖，里面是夯土。

徐达在修北城墙时还遇到了另外一个难题：由于城墙向南移动了2.5千米，刚好遇到了原来位于城中的积水潭。修建城墙碰到这么大的水面，怎么办呢？

只有一个办法，那就是——避开。因此，北京城从徐达修建城墙以后就不再是方方正正的了——城墙的西北部缺了一个角。直到今天，北二环路从积水潭到西直门这一段是向南倾斜的。如果你手上有一份北京市旅游地图，这个斜角和元代积水潭遗迹——什刹海和西海都可以看得很清晰。

朱棣迁都修北京

在《老北京的传说》中，明代北京城是刘伯温和姚广孝设计的。其实，那只不过是传说，明代真正主持北京城修建的是宫中的大太监——出生在安南（今越南）的建筑大师阮安。

朱棣

第二个修建北京城的是明成祖朱棣。朱棣对修建北京城作出了巨大贡献，如果不是朱棣一心要迁都北京，明代对北京城的修建到徐达那儿也就到头了。

"靖难之役"一结束，刚刚当上皇帝的朱棣就把北平府改名为北京，显露出了要迁都的意图。

永乐十四年（1416年），明成祖正式下达诏书，命令"文武群臣集议营建北京"。这个时候，朱棣实际上已经下了迁都的决心！

为什么迁都北京

中国自古就有"迁都动摇国家根基"的说法。因此，历代帝王不到万不得已的时候是不会轻易迁都的。那么，朱棣为什么要迁都北京呢？

据史学家们分析，朱棣迁都北京的原因有三个：

第一，朱棣有些"做贼心虚"，他的皇位是武力夺来的，只要国都

中华文明故事

天险居庸关

还在南京，朱标、朱允炆父子的阴影总是在他心头挥之不去。

第二，北京是他苦心经营多年的根据地，有些故土难舍。

第三，北京是北方的军事重镇，关隘之险天下第一，扼守着北元南下的通道。如果以北京为国都，对明朝的长治久安是非常有利的。因此，朱棣与心腹谋臣姚广孝商议之后，就定下了迁都北京的大计。

阮安修建北京城

明代主持大规模修建北京城的是宫中的大太监阮安。

阮安（1381年—1453年），小字阿留，安南人。永乐五年（1407年），明将张辅攻占了安南，他在那里挑选了一批美少年送入宫中当了太监，阮安就是其中之一。明成祖很喜欢这些安南人，对他们进行了精心的培养，阮安就这样成为一名杰出的建筑师和水利工程专家。

向南拓展北京城

明朝的皇城就是今天北京的故宫。为了有足够的空间建筑皇城，永乐十七年（1419年），在阮安的主持下，北京城向南进行了拓展。

元大都的南城墙就在今长安街一线，现在北京建国门的古观象台遗址就是元大都都城的东南角。

明代北京城向南扩展时，先把内城的城墙扩展到了今天的宣武门—正阳门—崇文门这条直线上。

然后，又从这条直线再往南，修建和拓展了外城。外城的东城墙建起一座城门——广渠门，西城墙建起一座城门——广安门，南城墙上建起了三座城门：右安门—永安门—左安门（永安门后改名永定门）。

把新拓展的"外城"和"内城"加在一起，就形成了明清时期的北京城。这个新北京城的规模已经超过了元大都。阮安主持扩建的北京城，奠定了明清时期北京城的基本轮廓。

《 皇家大内紫禁城 》

明朝修建北京城和元朝一样，都是以皇城建筑和宫殿建筑为主。

明代的皇城就是元代的宫城，也称紫禁城，是永乐十八年（1420年）在阮安的主持下修建完成的。紫禁城占地面积达72万平方米，是现存世界上最大、最完整的木结构古建筑群。

紫禁城

明代皇城完全是依照中国古代星象学修建的，对应天上的紫微垣。紫微垣是天帝所居，因为天人对应，所以取名紫禁城。

紫禁城被两

道坚固的防线围在中间，外围是一条宽52米、深6米、长3.8千米的护城河；里面是周长约3千米的城墙。

紫禁城的城墙高约10米，四面修建了四座城门，正门是午门，东面是东华门，西面是西华门，北面是神武门。

紫禁城修建了庄严雄伟的"奉天、华盖、谨身"三座大殿，还修建了皇帝和后妃的寝宫，共有殿宇8707间，总建筑面积达15万平方米。紫禁城中的殿宇全部都是砖木结构、琉璃瓦顶，并饰以金碧辉煌的彩绘，称得上天下无双。

宫城的城墙四角还耸立着4座角楼，角楼为3层屋檐，72个屋脊，玲珑剔透，造型别致，是中国古建筑中的杰作。

关于紫禁城的角楼还有一个美丽的民间传说呢！

据说紫禁城内的宫殿、楼宇完工后，就差城墙四角的角楼了。皇上下了旨意，宫墙上的角楼不能和宫中的建筑重样，还要彰显出皇家的气派。这可难坏了修建皇城的工匠们。

这天，领着大家干活的工头正愁得在树底下喝闷酒，街上来了个卖蝈蝈的，"蝈蝈蝈！蝈蝈蝈！"吵得人更心烦了。有个当小工的小伙子特别没眼色，还从外面拎回了一只蝈蝈来。

工头气得要命，夺过蝈蝈笼子就要往地上摔。这时候旁边一个老师傅拦住了他："等等！先别摔，我看这个蝈蝈笼子不一般呀！"

大伙儿一看，全都愣了。这蝈蝈笼子编得实在是太绝了：玲珑剔透、精美异常，3层屋檐，72个屋脊，个头虽然不大，却比皇宫中所有

紫禁城的角楼

的宫殿都漂亮！工头赶紧出门追那个卖蝈蝈的，早就没影了！

大伙儿问小伙子那卖蝈蝈的长什么样。小伙子说是一个挺精神的白胡子老头，这蝈蝈是老头专门送给他的。工头一拍大腿，乐了："大伙儿不用找了，这是鲁班爷给咱们送角楼的样子来了，照着它做就行了！"当然，这只是一个传说，但紫禁城的角楼确实檐角秀丽，造型别致，集精巧的建筑结构和精湛的建筑艺术于一身。

北京城的中轴线

永乐年间重修北京城的时候，重点修建的是紫禁城、中海、南海、北海、万岁山（景山）等皇家宫殿、园林以及紫禁城周边的坛庙、寺观、衙署和官员宅邸。

永乐十九年（1421年），明朝刚刚迁都4个月，北京城突发了一场大火，烧毁了皇城中的"奉天、华盖、谨身"三大殿，明成祖朱棣心虚害怕，赶快下令停止了北京城的修建。

尽管这个时候的北京城实在不像个样子：雄伟壮丽的紫禁城、风景优美的皇家园林与简陋不堪的内城九门极不相称。但是，贯穿北京全城的中轴线却已经完全确立了。

北京城中轴线的起点就是南城墙上修建的永安门（永定门）。从永安门向北，第一个重点建筑就是内城的正阳门（前门），再往北，经过大明门，跨过金水桥，进天安门、端门就到达了紫禁城的南门——午门。

紫禁城午门

这条中轴线进入午门，贯穿紫禁城中的"奉天、华盖、谨身"三座大殿和神武门。从神武门出紫禁城继续向北，越过景山的万春亭，终止于地安门外的鼓楼和钟楼。再往北，就是北城墙上的安定门和德胜门了。

这个完美、对称的城市规划，在全世界都是少有的，中外建筑专家至今仍然叹为观止。

【 传说中的水龙 】

很早就有传言：如果把前门看作一颗"宝珠"，面对着以北海和皇城为中心的地图仔细观看，就能看出北京内城"双龙抢珠"的布局。

陆龙俯卧在北京中轴线上：天安门就是龙吻，东西长安街是龙的两条长须，从天安门到午门是龙鼻，太庙和社稷坛是龙睛，故宫是九骨龙身，那四座角楼是龙的四爪，地安门大街和钟鼓楼则是龙尾。

陆龙的说法虽然牵强，但是，水龙确实相当形象。当初郭守敬修建起来的北京水系，再加上明代新开凿的南海，还真有点儿像一条"水龙"呢！

水龙以南海为龙头，南海中的湖心岛为龙眼，中海和北海为龙身，前海和后海为龙尾，摆向西北方向的积水潭。

英宗再修北京城

由于明成祖朱棣停止了修建北京城，因此，明朝迁都时，北京城还是个"半拉子工程"，除了紫禁城之外，其他都是"烂尾楼"，就连内城九门的城门楼子都没修起来。

朱棣死后，他儿子朱高炽当了皇帝，就是明仁宗。明仁宗只当了10

朱祁镇

个月的皇帝就生病死了。于是，喜欢打猎和逗蟋蟀的太子朱瞻基（明宣宗）当了皇帝。

这位皇帝和他父亲一样，都不喜欢风沙大、气候干燥的北京，总想着把国都迁回到风景秀丽的江南，所以，根本就没想过接着修建北京城。

1435年，逗了十年蟋蟀的朱瞻基也寿终正寝了，太子朱祁镇当了皇帝，他就是明朝的第六位皇帝——明英宗。

明英宗朱祁镇的一生十分荒唐，因为宠信大太监王振，他被瓦剌部俘虏，还处死了大忠臣于谦。不过，他总算做了一件好事——完成了北京城的"半拉子"工程。

阮安再修北京城

这次修建北京城，主持的人还是当年的"老人手"——永乐年间主持修建北京城的宫中大太监阮安。整个工程包括九座城门的城门楼子、瓮城、护城河和桥闸，工程十分浩大。工程一开始，首先修建了内城九座城门的城门楼子。为什么一定要先修这"九门"呢？

前面我们讲过，朱棣停止修建北京城时，内城九座城门都很不像样，有的城门干脆就没有城门楼子，还有的城门连夜间守城官兵休息的地方都没有，只有个城门洞，当然更没有像样的瓮城了。

阮安率人修建了九城的城门楼子后，又疏浚了护城河的河道。本来九座城门外面的护城河上都是木桥，在这次大修中全部都改成了石桥，同时还在护城河上设置了九道水闸。

正阳门（前门）箭楼

今天，北京内城的城墙虽然早就拆除了，但是，护城河的河道、河岸却奇迹般地保留了下来，成了京城一道亮丽的风景线。

随着整个工程的完工，北京城的面貌发生了重大改变。

据当时文人的记载，修完城楼的北京城确实雄伟极了："正统四年重作京城之九门成，崇台杰宇，岿巍弘壮；环城之池既浚既筑，堤坚水深，澄洁如镜，焕然一新。……盖京都之伟观，万年之盛致也。"

北京内城的九座城门完工之后，阮安还亲自主持了皇城中"奉天、华盖、谨身"三大殿的重建工程和北京城墙的包砖改造工程。

修建北京城的工程结束后不久，阮安就去世了。据载，他死的时候全部遗物价值不足十两银子，对于一个多次主持全国重大工程的高级官员来说，如此的廉洁奉公实在堪为后世官员的楷模！

阮安已经离我们远去了，明代的老北京城也已经仅剩遗迹了。然而，前门和德胜门的箭楼，崇文门的东南角楼，明城墙遗址公园里的残墙，仍然能够让我们领略明代北京城的风采。

北京城地处大漠边缘，水路不畅通。1292年，元朝著名科学家郭守敬主持开凿了通惠河以后，大运河中的漕船可以直通城西北的积水潭。据载，当时元大都有8000艘运粮船，积水潭的水面上呈现一派"舳舻蔽天"的景色。这在北方的城市中是绝无仅有的。

但是，由于北方干旱，水资源贫乏，到了元末明初，这条通惠河已经基本上不能通航了。明朝迁都后，有不少人建议过疏通通惠河，但是都没能实现。直到嘉靖七年(1528年)，巡仓御史吴仲再次上书朝廷，提出疏通通惠河。

《 疏通通惠河 》

吴仲为什么极力主张疏通通惠河呢？

原来，北京的粮米都来自产粮丰富的江浙一带，由于通惠河不能通航，通过运河漕运的粮食只能卸在通州运河码头，然后，用车马运入城内，于是，通州就成了北京的"大粮仓"。

大明正统十四年(1449年)，蒙古瓦剌部首领也先率部入侵，京城告急。为了不让入侵的蒙古大军夺得通州储存的粮食，官府动员居民将通州的粮食搬入城内，每搬入两石，自己得一石。第二天，因为粮仓里粮食太多，只好下令：凡搬进京城的粮食全部归自己。又搬了一天还是搬不完，最后，只得一把火将通州粮仓所有的粮食都烧光了。

这件事对朝廷触动很大，许多官员上书要求疏通通惠河。但是，疏通通惠河受到的阻力非常大。原来，漕运事关京师的经济命脉，只要通惠河不能通航，贪官们就能以运输费用为由弄到钱。所以这些官员的上书都没有结果。

好在吴仲疏通通惠河的上书建议，得到了嘉靖皇帝和朝中重臣的全力支持，那些贪官们当然不敢惹皇帝，只好让步了。

《 通惠河上漕运忙 》

吴仲，字亚甫，江苏武进人。吴仲虽然官位不怎么高，但是为人十分耿直，他在上疏朝廷的奏折中不仅强调了疏浚通惠河的必要性，揭穿了贪官弄钱的鬼把戏，还提出了一项切实可行的施工方案。

吴仲提出，元代漕运始终能直抵京师，从来没有将漕运粮食置于50里（25千米）之外的。而且通惠河上的八道河闸遗迹仍在，疏浚通惠河不会花多大工夫，并且疏通后每年可以为朝廷节省车马运费20万两白银。

嘉靖八年（1529年）春天，吴仲主持的通惠河疏浚工程开始了。吴仲确实不同凡响，仅用了不到4个月的时间和很少的银两就修好了淤积多年的通惠河。针对北方水资源短缺、原河道无法全部通航的困难，吴仲采取了"舟车并进"的设计方案。

吴仲的方案十分巧妙：把漕运码头从张家湾移到通州城北，并把原来的土坝改成了石坝。江淮漕运的粮食先在石坝码头上岸，在大光楼验收后，搬到通惠河的驳船上，再沿着通惠河运送到北京城内的粮仓。

通惠河疏浚工程完成的当年，就成功运送了200万石粮食，漕运花费的银子总共只有7000两，为朝廷节省了白银12万两。

嘉靖皇帝非常高兴，在漕运重新通航的那天，这位皇帝在通惠河登舟游赏、吟诗助兴，并重赏了吴仲，还提升他当了处州（今浙江丽水市）知府。

从那以后，通惠河漕运变得十分通畅，每年漕运的粮食多达250万石。从通州到张家湾的河道上，又重新出现了"万舟骈集"的繁荣景象，并成为著名的通州八景之一。

大远航西洋舰队

　　明永乐三年六月十五（1405年7月11日），苏州刘家港（江苏太仓浏河镇）异常热闹，放眼望去，从海岸码头直到遥远的天边，大大小小的舰船泊满了辽阔的海面，桅杆和旌旗就像一望无际的海上森林，密密麻麻指向天空。

　　这支庞大的舰队由240多艘各类舰船组成，船上载有文官武将、水手兵丁和后勤人员近3万人。

　　三声炮响，一艘艘船舰依次起航，连接到天边的庞大舰队威武地向着遥远的大洋深处驶去。

　　这是明朝三保太监郑和率领庞大舰队第一次远航时，从江苏太仓刘家港码头出发时的盛况。

　　为纪念郑和这位600多年前的伟大的中国航海家，2005年，经中华人民共和国国务院批准，每年的7月11日被定为中国航海日，并规定在这天

中华文明故事

全国所有的船舶鸣笛1分钟，挂彩旗。国家邮政局还专门发行了一套纪念邮票呢！

郑和七下西洋

郑和（1371年—1433年），姓马名和，小字三保，云南昆阳州（今昆明市）人。

马三保10岁那年，明朝军队大举进攻云南，马三保当了明军的俘虏，被送进了朱棣的燕王府，成了一名太监。

1399年，燕王朱棣发动"靖难之变"，28岁的马三保因武艺高强，多次立下战功，成为朱棣的心腹爱将。

从永乐三年（1405年）至宣德八年（1433年），郑和率领舰队环西太平洋和印度洋进行了七次远航，先后访问了30多个国家，最远到达过非洲东海岸。国外还有学者认为郑和的分舰队最先发现了美洲大陆和大洋洲。

永乐二年（1404年），明成祖朱棣认为马姓登不上三宝殿，因此，在南京御赐马三保"郑"姓，于是，马和改名为郑和。郑和作为朱棣的心腹，担任了四品内宫监太监，史称三保太监。

《 担当远航重任 》

郑和航海的原因很特别，既不像克里斯托弗·哥伦布的船队是为了寻找黄金和香料，也不像达·伽玛的船队是为了打通东方的航道，而是为了寻找一个人，这个人就是在"靖难之变"中失踪了的建文帝朱允炆。

建文帝朱允炆深得民心，当时盛传他已经逃亡到了海外，因此，朱棣决定派舰队到海外寻找建文帝的踪迹。这副重担理所当然地落在了郑和的肩上。首先，郑和是朱棣的心腹爱将，绝对可靠。其次，郑和通晓阿拉伯语，熟悉阿拉伯和西洋各国的情况。更重要的是，郑和是一位武功高手，还有很强的指挥作战能力。因此，郑和自然就成了明朝远洋舰队的统帅。

《 建立不朽功勋 》

自永乐三年郑和率领庞大的远洋舰队，从苏州刘家港第一次扬帆出海，至1433年在最后一次航行中他病逝于海上，这位伟大的航海家先后出海远航七次，率领着当时全世界最庞大的舰队劈波斩浪，踏遍了西太平洋和印度洋沿岸多个国家和地区。

印尼的爪哇和苏门答腊，菲律宾的苏禄，马来半岛上的彭亨，以及真腊（今柬埔寨）、暹罗（今泰国）、锡兰（今斯里兰卡）、天方（今叙利亚）、左法尔（今阿曼）等几十个国家和伊斯兰教的圣地麦加都留下了郑和的足迹。

郑和的舰队最远航行到东非的索马里、南非的肯尼亚，甚至还可能绕过了非洲最南端的好望角。郑和下西洋是中国古代规模最大、船只和海员最多、历时时间最久的海上航行，也是15世纪末欧洲地理大发现的航行以前，世界历史上规模最大的一系列海上探险。

《 平等友好的外交 》

这支庞大的舰队在远洋航海的过程中，通过与海外各国的友好交往，彰显了明朝强大的军事实力和经济实力，在印度洋、西太平洋诸国中树立了非常高的威望，从那以后，不断有海外国家的使臣来明朝贡。

朱棣在位时，郑和每次下西洋，随舰队来中国的各国使臣不断增加。永乐十三年（1415年）郑和第四次远航时，首次从海上绕过阿拉伯半岛，航行到了东非麻林迪（今肯尼亚）。在后来的远航中，郑和的舰队还先后同南亚、东非的许多国家建立了友好关系。

郑和的舰队给这些国家带去了产于中国的珍贵礼品——美丽的丝绸和精美的瓷器，而这些国家也向明朝皇帝进贡了许多奇珍异宝。

据史书记载：有忽鲁谟斯（和尔木斯，在伊朗米纳布附近）进贡的狮子、金钱豹和斑马，卜剌哇（非洲索马里之布腊瓦）进贡的骆驼和鸵鸡（鸵鸟），阿丹国（今译作亚丁，在也门亚丁湾西北岸一带）进贡的麒麟（长颈鹿）等各种珍禽异兽。

永乐二十一年（1423年），郑和第六次下西洋返航的时候，船上竟然载着16个国家的1200多名使臣及其家属，他们都是来朝贡的。到了永乐晚期，前来朝贡的国家甚至达到了60多个。

由于明朝政府十分慷慨，前来朝贡的各国使臣都可以得到比贡品价值高十几倍的赏赐，所以南洋、西洋各国都十分愿意向明朝贡。

世界航海奇迹

在浩瀚的大洋之上，气候十分恶劣，可怕的风暴、滔天的海浪，十分危险。没有能够"顶狂风、战恶浪"的坚固海船，远航是根本不可想象的。

而且茫茫大洋上，没有任何标识，有时磁场还会出现偏差，怎样才能保证航行之中不出问题？舰队有200多艘海船，分布在一望无际的大洋上，船与船如何联系？郑和能解决这些问题，成功地进行七次远航，依靠的是当时世界上最先进的航海技术。

郑和第一次远洋航行是 1405 年，比哥伦布发现美洲大陆的航行（1492 年）和达·伽玛第一次到达印度的航行（1497 年）都早将近一个世纪；比麦哲伦的环球航行（1518 年）早一个世纪还要多。

中国的造船技术，从两宋直到元代，始终居于世界领先地位；到明代，已经达到了当时世界的最高水平。朱棣当上皇帝以后，把浙江、福建和湖广等五省最优秀的造船工匠都集中到南京，最终造出了适合在大洋中航行的海上巨舰。

据《明史·兵志》记载：郑和下西洋时乘坐的宝船"高大如楼，底尖上阔，可容千人"。宝船长达44丈（150多米），宽约18丈（50多米）。

这种巨大的海船，船舱有4层，船上的 9 根巨桅可以张挂12幅风帆，巨大的船锚重达几千斤，需要动用200多人才能起航。根据推算，宝船的排水量至少在4000吨以上。

郑和宝船复原图

哥伦布远航美洲时的舰队只有3艘小船，最大的旗舰叫"少女号"，排水量只有130吨，如果与郑和的宝船相比实在小得可怜，就好像一艘小艇和航空母舰相比。

比宝船稍小些的是"马船"。这种船长约37丈（约123米），宽15丈（约50米），自重大约1000吨左右，是专门装载骑兵和战马的。第三种船叫"粮船"，长28丈（约93米），宽12丈（约40米），是专门装载粮米、菜蔬等食物的"补给舰"。第四种船是"坐船"，长24丈（约80米），宽9.4丈（约31米），是专门运载兵员的。第五种船是"战船"，长18丈（约60米），宽6.8丈（约23米），专门用于水战，相当于今天海军的攻击型舰艇。安装在这种船上的威力强大的火炮，为整个船队提供了最可靠的安全保障。

按照《明史·兵志》的记载，郑和的舰队是一支以宝船为主体，由各种功能不同的舰船组成的世界上最早的远洋"特混舰队"。

《 先进的航海技术 》

宋、元两朝大规模的海外贸易和远洋航行使航海技术得到快速发展，明代的航海技术已经相当成熟。郑和七次成功的远洋航行，除了依靠先进的造船技术以外，还有赖于先进的航海技术——舰队装备着当时世界上最先进的航海设备、航海海图和武器装备。

郑和的远洋舰队掌握着当时世界上最先进的航海导航技术：水手们白天用指南针导航，晚上用指南针结合"过洋牵星术"导航。观察者用牵星板测量所在地的星辰高度，然后计算出该处的地理纬度，以此测定船只的具体航向。牵星板的原理相当于当今的六分仪。

郑和的远洋舰队不仅解决了船的抗沉性、稳定性、淡水储存、武器装备等重要问题，而且成功地解决了船与船之间的通讯联络问题。

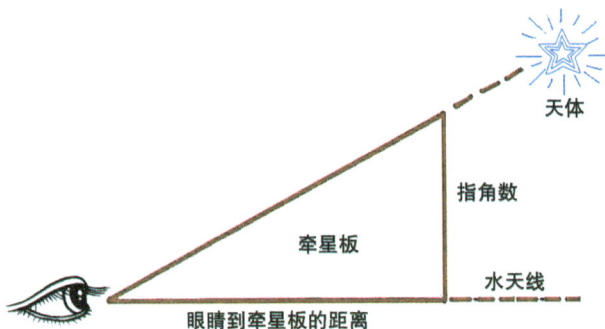

过洋牵星术——天文导航

图中标注：天体、指角数、牵星板、水天线、眼睛到牵星板的距离

舰队约定：白天悬挂和挥舞各色旗帜，用旗语保持相互之间的联系；晚上悬挂明亮的灯笼，用灯光保持联系；在能见度极差的雾天雨天，则使用铜锣、喇叭和螺号保持船与船之间的联系。

《 科学的航海图 》

郑和的远洋舰队最后一次远航时多了一件最重要的装备，那就是航海家们绘制的《郑和航海图》。这幅航海图原名很长，叫作《自宝船厂开船从龙江关出水直抵外国诸番图》，是1425年—1430年由原来随郑和远航西洋的航海家们绘制的，具有极重要的科学价值。

这幅航海图共20页，40多幅图，全图以南京为起点，最远处已经标出了非洲东海岸的慢八撒（今肯尼亚的蒙巴萨）。

最可贵的是，《郑和航海图》上还精确地标出了万生石塘屿（南沙群岛）、石塘（西沙群岛）和石星石塘（中沙群岛）的位置。1946年，中国国民政府内政部就是以《郑和航海图》上的名称对南海诸岛的岛礁进行了命名，以纪念这位伟大的航海家。

这幅航海图标记了西太平洋和印度洋沿岸及海中的530多个地名，不仅标明了远洋航线所经过的国家、城市和岛屿的准确地理方位、航道远近以及航行中的方向，而且详细地标出了海中航线上的航海标志、海滩、海礁、山脉等，具有重要的海洋科学价值。

中国发现世界

2002年，在云南大学开幕的"第二届郑和研究国际会议"上，前英国皇家海军军官加文·孟希斯做了题为"郑和是环球航海第一伟人"的主题报告，报告重申了他在《1421年：中国发现世界》这部书中提出的"郑和先于哥伦布发现美洲大陆、大洋洲"的学术观点。

英国海军军官加文·孟希斯在他撰写的《1421年：中国发现世界》中提出，郑和远洋舰队的分队最先实现了环球航行，并早在西方进入"大航海时代"之前就已经发现了美洲大陆和大洋洲。

《 孟希斯的理由 》

加文·孟希斯在主题报告中从四个方面论证了自己的观点。

第一，郑和舰队精确地绘制世界地图的时间是1423年，早于欧洲人的航海大发现。

加文·孟希斯认为，欧洲航海家在起航前，已经有了绘制精确的世界地图，并且标明了航程。哥伦布、达·伽玛、麦哲伦等人的航海日记都可以证明这一点。

加文·孟希斯认为，当时只有明朝有实力派出规模庞大的舰队对世界地理进行精确探测。因此，欧洲航海家们使用的航海图无疑是当年郑和的远洋舰队绘制出来的。

第二，郑和从1405年至1433年间进行了七次远航，1430年出版的《异域图志》中画有各大洲特有的动物，如非洲的斑马和长颈鹿，南美洲的犰狳、美洲豹和磨齿兽。

郑和南下时在许多国家和地区留下了刻有经度和纬度的石碑。保存

下来的明代航海图都标识了东非、南非和西非，甚至标识了澳大利亚。这些都为欧洲航海家提供了重要资料。

第三，第一批欧洲探险家在到达非洲、北美、印度洋、大西洋海岸和大洋洲时，都发现当地有中国人。这些区域都发现过有中国特征的沉船遗骸、瓷器、陶器以及人工制品。另外，这些区域的土著人都向欧洲人详细描述过以前和他们生活在一起的亚洲人。

第四，加文·孟希斯还从生命科学的角度提出了中国人先于欧洲人到达美洲的相关证据：首先，美洲各民族的居民中都发现了只有中国人特有的某些疾病；另外，DNA分析表明，加利福尼亚、巴西和澳大利亚等地的土著居民中都发现了与中国人具有相同DNA信息的人。

《 明代航海地图 》

加文·孟希斯还提出：从1421年3月至1423年10月间，郑和远洋舰队的分舰队曾进行了环球航行。他们不仅在欧洲人之前就发现并到达了美洲大陆和大洋洲，并且绘制了包括美洲和大洋洲在内的世界地图。

2006年1月16日，北京和伦敦的格林尼治国家海事博物馆同时展出了1763年欧洲人绘制的一幅航海地图，在这幅地图的附注中带有一幅明永乐十六年（1418年）的中国明代航海地图——《天下全舆总图》。

这幅航海地图不仅标有详细的航海区域，并且已经绘制出了美洲、欧洲、非洲的基本轮廓。

郑和远航的意义

宣德八年（1433年）四月，已经62岁的郑和在第七次远航中因病去世。随着他的离去，明朝繁盛的航海时代也结束了。

郑和的远洋舰队七下西洋，充分展示了明朝高超的造船技术和航海技术，因此，在世界科学史和航海史上有非常重要的地位。

郑和的远洋舰队在航海的规模、船舶吨位、航行次数、航行距离等许多方面都远远超过了西方航海家哥伦布、达·伽玛和麦哲伦等人。因此，直到近代，郑和仍然是世界航海史上最重要的航海家。

英国著名学者、著名科学史家李约瑟博士曾经得出这样的结论："明朝海军在历史上可能比任何亚洲国家都出色，甚至同时代的任何欧洲国家，甚至所有欧洲国家联合起来，可以说都无法与明朝海军匹敌。"

美中不足的是，同三位西方的航海家相比，郑和的远洋航行虽然是世界科学史上最伟大的创举，但是，却没有能够成为明朝走向全球、走向世界的开端，为什么会这样呢？

《 传播和平与友谊 》

哥伦布发现美洲大陆，为西班牙、葡萄牙和英法等新兴的资本主义国家建立了海外殖民地，开辟了海上通道。达·伽玛远航东方的印度，为欧洲新兴的资本主义国家在亚洲建立了海外市场。

但是，欧洲航海家给美洲大陆和亚洲带去了什么呢？掠夺、压迫和战争。

郑和的远洋舰队到达印度洋沿岸和非洲东海岸的时间比欧洲人早了一百多年。郑和率领当时世界上规模最庞大、武器最精良的远洋"特混舰队"出洋七次，没有建立海外殖民地，也没有掠夺黄金和香料，更没有发动任何侵略战争，而是扮演了一个友好、和平的外交使者的角色。

郑和七下西洋，给印度洋沿岸和非洲东海岸的土著居民带去的是东方出产的精美丝绸、瓷器以及真挚的友谊。

明朝领先世界的造船技术和航海技术源于宋、元两朝发达的海外商业贸易，源于那条繁忙兴旺的海上丝绸之路。郑和的远洋航行一方面使得中国古代航海事业达到了顶峰，另一方面也是中国古代航海事业的终结。

《 不许出海的禁令 》

朱元璋是个农民出身的皇帝，对商业贸易是深恶痛绝的，他当了皇帝不久，就下了一道禁海令：除了官方的船只以外，民间船只"片板不许下海"，以此来杜绝海上贸易。

燕王朱棣当了皇帝后，由于深信建文帝朱允炆已经逃到海外，为了彻底割断朱允炆与旧日臣民可能存在的联系，这位心虚的皇帝再次加强了海禁，直到明朝中叶才下令开禁。

早在两宋时期，中国就出现了最早的资本主义萌芽，到了明代，尽管郑和的远洋舰队每次出海时都规模宏大，"云帆蔽日、浩浩荡荡"，但是，由于"片板不许下海"的禁令，自两宋、元朝以来热闹非凡的海上丝绸之路终于沉寂了，民间商船失去了远航的机遇，中国也退出了当时正在形成中的世界市场，海外贸易市场逐渐被欧洲人所主导，中国也失去了最先跨入近代文明之门的大好时机。

郑成功收复台湾　御外辱功勋卓著　明英烈流芳千古　精瓷雅具称双绝　书画双绝东...　落日余晖映东...　科学精神永不朽　**永乐大典耀史册**　大舰队远航西洋　董隆北京镇辉煌

《永乐大典》耀史册

　　明朝近三百年间，最伟大的文明成果就是编纂了著名的《永乐大典》。那么，《永乐大典》究竟是一部什么样的书呢？它为何会有如此重要的地位？

　　《永乐大典》是中国历史上的第一部大型类书，也是人类历史上的第一部大型类书，更是一部对中华民族几千年文明史进行全面总结的"大百科全书"。

　　《永乐大典》的"永乐"二字是明成祖朱棣的年号。

　　传说，燕王朱棣凭武力当上皇帝后，总有点儿心虚。他的军师姚广孝给他出了个主意：编纂一部弘扬华夏文明的大型典籍，再冠上"永乐"的年号，文治武功就齐全了，不仅可以标榜自己是正统，还可以让"永乐大帝"流芳千古！

　　姚广孝这个主意一下子就说到了朱棣的心坎上，朱棣立即颁布诏令，让翰林院大学士解缙担任总纂修，开始了《永乐大典》的编纂工作。

编纂《永乐大典》

《永乐大典》先后编纂过两次，这两次编纂都是在当时明朝的都城南京进行的。

第一次编纂

《永乐大典》从永乐元年（1403年）开始编纂。明成祖朱棣按照姚广孝的建议，向全国下达了诏令：收揽天下古今各类图书、典籍编纂成册。翰林院大学士解缙召集了近150多人，经过一年多的时间，完成了初步的编纂工作，朱棣亲自命名为《文献大成》。

朱棣翻看了这部《文献大成》之后，并不十分满意。在他看来，这部书有两大缺陷：第一是规模不够大，没有把所有的古代典籍都编进去；第二是内容不够丰富，文笔过于简略。于是，他下令重新编纂。

第二次编纂

《永乐大典》的第二次编纂是从永乐三年（1405年）开始的。这次是70岁高龄的太子少师姚广孝亲自出马，与解缙等人共同编纂这部大书。

这次采选的书籍非常多，参与编纂的不仅有朝中的官员学士，还有四方的宿学鸿儒、江湖的僧道名医和擅长书法绘画的各界精英，共3000多人。

姚广孝和解缙率领这些人在南京文渊阁开馆修书，从永乐三年（1405年）开始，到永乐五年（1407年）定稿。

明成祖朱棣翻看了这部大书的定稿，龙颜大悦，于是，将这部亘古未有的巨著赐名为《永乐大典》，并亲自撰写了序文，称赞此书为"总历代之典"。然后，他又下令从全国征集了近万名擅长书法、绘画的文人深入进行描栏、清抄、绘图和誊录等后期工作。

据说，编纂《永乐大典》的人居住在离皇家藏书处文渊阁不远的崇里坊，由光禄寺供给酒肴、茗果，还发给"高工资"，待遇十分优厚。当时就有人用"天下文艺之英，济济乎咸集于京师"，用以形容编纂《永乐大典》的盛况。直到永乐六年(1408年)冬天，这部《永乐大典》才最终正式成书。

《永乐大典》的重录

《永乐大典》纂成后，收藏在南京文渊阁的东阁。永乐十九年，朱棣迁都北京，《永乐大典》也运到了北京。从那以后，《永乐大典》作为皇家藏书，秘不示人，长期收藏在宫城内的文昭阁(今故宫体仁阁)中。

【 重录的原因 】

在明朝皇帝中，嘉靖皇帝朱厚熜(明世宗)最喜爱《永乐大典》，平时放在案头上几册，以便随时翻阅。嘉靖三十六年(1557年)，宫中发生火灾，连三大殿都被烧毁了。

为了保护文昭阁中的《永乐大典》，嘉靖皇帝连下三道金牌，命人把大典全部抢救了出来。为了防止再遭遇类似的祸患，毁坏这部"国家重宝"，嘉靖皇帝萌生了重录《永乐大典》的想法。

嘉靖四十一年(1562年)，皇帝亲自任命高拱、瞿景淳、张居正等人负责重新抄录《永乐大典》的工作。吏部和礼部先主持考试，选拔了100多位擅长书法的高手，又从

朱厚熜

内府中调拨了画匠、砑光匠和纸匠。重录《永乐大典》的浩大工程就这样开始了。

《 重录大典 》

重录刚开始，首辅大臣徐阶认为抄录上万册的大典，工程量太大，可以不必拘泥原来的版式和书法。可是，当他亲自翻检了《永乐大典》的正本后发现：如果版式一变，字的大小和图形都要变，远不如照原样摹写方便，于是，决定完全按照《永乐大典》正本的格式重录，不进行任何改变。

按规定，重录《永乐大典》的书生们每人每天抄写3页。这样，重录工作整整花了6年时间。到明穆宗隆庆元年（1567年），也就是嘉靖皇帝驾崩的那年才最后完成，抄好的"嘉靖副本"被放置在了新建的皇史宬中。

自从嘉靖重录《永乐大典》以后，这部人类历史上的第一部大型类书就有了完全相同的两部。原书被称为"永乐正本"，新抄录的被称为"嘉靖副本"。

幸亏有了这部"嘉靖副本"，否则，我们今天很可能无法知道当年的《永乐大典》是什么样子了。因为，重录后不久，"永乐正本"就神秘地销声匿迹了。

中华
文明故事

第一部大型类书

《永乐大典》在公元14世纪问世时，全世界都没有一部这么大部头的百科全书，因此《永乐大典》是世界上最早的一部大型类书。

《 恢宏的巨著 》

《永乐大典》的规模远远超过了历朝历代编纂的典籍。这部规模空前的超大型类书汇集了能够收集到的、公元14世纪以前的全部中国典籍，包括政治、经济、哲学、宗教、科学、技术、历史、地理、文学、艺术、生产、生活及其他各个方面的重要图书，全书共计22877卷，凡例目录60卷，11095册，约3.7亿字。

《永乐大典》比法国狄德罗编纂的《百科全书》和英国的《大英百科全书》早300多年，直到今天仍然是全世界文化遗产中最古老、最珍贵、最宏大的文化精品。

据后人的粗略统计，《永乐大典》中收集、保存下来的中国古代典籍竟多达7000到8000种，连清代编纂的大型类书《四库全书》也远远比不上它。《四库全书》所收集的各类古代图书只有3000多种，连《永乐大典》的一半也没有达到。

《 精美的装帧 》

《永乐大典》的开本非常大，书面高一尺五寸六分(约50.3厘米)，宽九寸三分(约30厘米)，即使从外表上看也极具皇家的威仪和气派。

《永乐大典》每一册大约有50页左右，一般两卷一册(也有一卷一册或三卷一册的)。书中每页使用的都是雪白、厚实的树皮纸，翻开书会闻到淡淡的香味。

《永乐大典》的装帧十分考究和美观。每册《永乐大典》外部都包着十分讲究的"书衣"(古籍的书衣相当于现代书籍的封面)。《永乐大典》的书衣是用多层宣纸硬裱的，最外面还用一层黄绢包裹，显得格外庄重。

《 端庄的版式 》

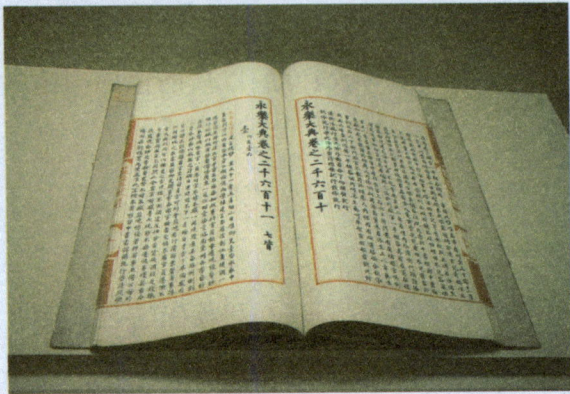

《永乐大典》的版式

《永乐大典》的内页是用朱、墨两种颜色写成的。朱色主要用来绘制边栏界行、标明引用书籍的作者和书名。墨色主要用来书写题名、卷数、韵目、书籍正文和图画。圈点则是用内空外圆的芦制、竹制、骨制或玉制笔管蘸上朱砂印泥印上去的。整体看上去朱墨分明、端庄秀美。

《永乐大典》页面四周的朱色边栏都是手绘的，而且绘成了笔画粗细均匀的双边"朱丝栏线"。这些"朱丝栏线"把每半页隔成8行，版心上、下各有一条粗粗的"象鼻"，中间还有"鱼尾"，在上面的"鱼尾"内书写着书名和卷数，下面的鱼尾内记载着页数。行格的间距非常精确，可以说分毫不差。参与编纂的学者们当年确实下了大功夫。

《 清丽的书法 》

整部《永乐大典》都是用明代楷书——"馆阁体"一笔一画抄写出来的。这3亿多字在编纂时至少抄过一遍，近3000人连编带抄用了5年时间才最后定稿；定稿后清抄，又用了两年多的时间。

由于《永乐大典》正本已经失传多年，现存的《永乐大典》副本是嘉靖年间重录的，因此，《永乐大典》正本的书法是什么样子今天早已不得而知了。嘉靖年间重录的《永乐大典》副本书法略显瘦长，类似欧体，清丽挺拔、秀美异常。

但是，有一点是肯定的：《永乐大典》正本的书法比副本好得多，因为有传说，嘉靖年间负责重录《永乐大典》的徐阶见到正本后，赞叹说，旧本缮写得太好了，很难再找到这样的抄书手了。

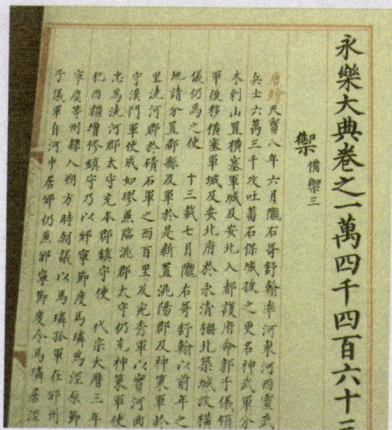

永乐大典的书法

《 鲜活的插图 》

今天从保存下来的《永乐大典》残本上，还可以看到其中的插图。这些插图都画得十分精美，山川、城郭、人物、植物、动物和禽鸟都是用白描的手法画出来的，不仅形态逼真、精准细致，而且美轮美奂、生动鲜活，是古代书籍插图中不可多得的精品。

根据现存的部分《永乐大典》可以推测出，全书插图的式样和种类一定非常多，如果能够找到失踪的《永乐大典》正本，完全可以单独编撰一本《永乐大典》插图集，可以断定，那将会是中华民族古代绘画艺术的一次全面展示。

《永乐大典》也同《大英百科全书》一样，是根据文献中的语词确定条目的。所不同的是，《永乐大典》本身并不撰写文字，而是把历朝、历代典籍中出现过这个条目的内容抄录下来，有时甚至把整部书籍全都抄录下来。不仅如此，《永乐大典》中还明确标示出这段内容采自哪本书籍、哪篇文章，是何人撰写，出处十分明晰，查考非常方便。

《永乐大典》还把所有的古音、古字都汇集到了书中，内容非常丰富。在《永乐大典》中，每一个被检索的字都按《洪武正韵》注明了音韵，指明了最早的出处，并且列出了这个字的行、草、隶、篆、楷等各种书体和异体字。因此，《永乐大典》在训诂学（研究古书词义的学科）方面同样具有重要的学术价值。

《永乐大典》的学术价值是无与伦比的。

《 古代典籍的宝库 》

古代典籍是一个民族古代文明和文化的重要载体。中国古代浩瀚的文化典籍流传到今天的不到百分之五，大部分都在历史的长河中湮灭了。

《永乐大典》收集的书籍中，宋、元时期的著作相当多。到明中叶，这些著作在民间只剩下十分之三四了；到了清初，只有十分之一二还在流传，其余的都已经散佚了。只有《永乐大典》收录的古代典籍被保存到了清代中晚期。

《永乐大典》收录了上自先秦、下至明初的古代典籍7000至8000种，收录的内容包括经、史、子、集、医卜、星象、工艺、农艺、戏曲、文学以及释道经典。因此，宋元以前的许多佚文秘典都是通过这部大型类书保存下来的。更可贵的是，按当时的要求，《永乐大典》收录古代典籍的内容要"一字不易"，按照原著或整部，或整篇，或整段完整录入。这就为后世的学术研究，如哲学、科学、文学、语言、技术、宗教、历史等各领域的研究保存了丰富、珍贵、真实的史料。

可以毫不夸张地说，《永乐大典》就是一部卷帙浩繁、壮丽华美的文化宝典，盛载着中国14世纪以前的、数量众多的文化典籍。

《 威力无比的利器 》

在清代学者纪晓岚撰写的《阅微草堂笔记》中记载着这样一件事：主持编纂《四库全书》时，纪晓岚在《永乐大典》中发现了宋代兵器——"神臂弓"的原图和制作技术，这让他感到非常惊讶，也感到非常害怕。

按照《永乐大典》上的记载，这种"神臂弓"威力巨大，射程非常远。使用的时候把弓立在地上，扣动扳机，射出去的箭可以穿透300步以外的铁甲。当年宋朝的军队就是用这种"神臂弓"对付金国骑兵的，效果非常好。

据载，宋朝军队对这种利器的使用有严格的要求：绝对不能遗失，更不能被金兵得去。纪晓岚深知清朝统治者对反清起义十分恐惧，因此，没有把《永乐大典》中的相关记载辑录出来。

就这样，"神臂弓"也随着《永乐大典》的失踪成了永远的不解之谜。今天，我们在电影里虽然可以看到类似"神臂弓"的仿制品——弩机，但是，弩机仅有"神臂弓"的样子，却没有"神臂弓"的巨大威力。

由于《永乐大典》中收集的古籍大部分是宋元时期的，而宋元时期恰恰是中国古代科学技术发展的高潮期，因此，像"神臂弓"这类先进武器和其他先进科学技术成果的记载，在《永乐大典》中比比皆是。可惜的是，随着《永乐大典》正本、副本的散佚，很多内容今天我们已经看不到了。

永久的不解之谜

《永乐大典》如此辉煌的成就给后人以极大的震撼，也让后人无比地赞叹和惊奇。然而，这部巨著的散佚也给后人留下了深深的遗憾和永久的谜团。

《永乐大典》正本和副本的命运都十分坎坷。正本早在明代就销声匿迹、不知所踪了，副本在清代也几乎损失殆尽。今天这部多达上万册的大型类书只剩下了区区几百册，而且分散在世界多个国家。

《永乐大典》正本的下落

明朝嘉靖年间重录《永乐大典》后，有关《永乐大典》正本的记载就突然销声匿迹了。它究竟是如何散佚的，至今仍然是历史上的一大悬案。

毁于战乱说

清朝官方认为嘉靖年间重录后，《永乐大典》已经归还南京，正本和副本都毁于明末的战乱。

毁于大火说

清末学者缪荃孙认为《永乐大典》正本在嘉靖年间乾清宫大火中被焚毁。

皇帝殉葬说

20世纪60年代，位于北京十三陵的明神宗（万历皇帝）的陵墓——定陵被打开。定陵的挖掘是当时考古界的一件大事，国内报刊纷纷报道。但是，挖掘定陵还有一层不为人知的背景，那就是郭沫若等史学家提出《永乐大典》的正本可能在定陵中殉葬。但是，定陵中根本没有发现《永乐大典》的正本。

也有学者认为从《永乐大典》重录完毕后正本突然失踪的情况判断，《永乐大典》的正本极有可能被殉葬。有人推测，当年嘉靖重录《永乐大典》就是为了用正本给自己殉葬。

因此，许多人相信，《永乐大典》的正本目前很可能仍然完好地躺在嘉靖皇帝的陵墓——永陵之中。

《永乐大典》殉葬的说法至今没有可靠的证据，在打开永陵之前，珍贵的《永乐大典》正本的下落始终是一个谜。

明永陵

《《永乐大典》副本的命运 》

清初，《永乐大典》正本早已经佚失，而侥幸逃过明末战乱的《永乐大典》副本也出现了残缺。清朝三百年间，《永乐大典》虽然深受官方重视，但是，仍然经历了被偷盗、焚烧和劫掠的悲惨命运。

丢失的大典

经过明末战乱，《永乐大典》的副本有所散佚。清乾隆三十七年(1772年)对《永乐大典》副本进行清查，发现已经缺失了2422卷。乾隆皇帝下令在全国寻找，但一无所获。

官员的盗窃

乾隆三十八年(1773年)，设立了校勘《永乐大典》散篇办书处，辑校《永乐大典》中的一些古书。可惜好景不长，道光以后，《永乐大典》副本被弃置在翰林院中，无人过问，许多官员趁机大肆偷盗。

据清末学者缪荃孙记载，当时翰林院官员早晨进翰林院办公时随身携带一件棉袍，打成包袱的样子背在肩上。下午离开翰林院时把棉袍穿在身上，用包袱包上一册《永乐大典》偷出来，看守人员毫无觉察。连大学者文廷式都用这样的手法偷盗过《永乐大典》。

《永乐大典》流出宫后，有洋人高价收购，这就更加剧了它的散佚。光绪元年重修翰林院时，曾清点《永乐大典》，已不足5000册了。20年以后再清点时，竟然只剩下了800册。《永乐大典》——这部皇皇巨著就这样被一些无耻的官员们偷光了。

《永乐大典》副本最后的命运

1900年6月，《永乐大典》副本遭到了最后的劫难。

当时，攻打英国使馆的义和团与八国联军发生激战，而英国使馆恰巧毗邻翰林院。激战中，有人将火把抛进翰林院，院内顿时着起了大火，院中的藏书遭到空前浩劫，残存的800多册《永乐大典》几乎毁灭殆尽。

经过这场劫难后，残存的《永乐大典》保存在清宫中，直到抗战期间才运到美国代为保管。

国外的收藏

1943年，日本东洋文库从湖州嘉业堂藏书楼购得52册《永乐大典》副本，存放在大连满铁图书馆。1945年，这52册珍贵的图书被苏联红军当作战利品运回了苏联。

除日本、苏联外，美国、英国、德国、越南、韩国等国家的图书馆也收藏有少量的《永乐大典》。目前，《永乐大典》的单册在国外屡有发现，这些单册虽然历经坎坷，远涉重洋，总算有幸保存了下来。

《 近代的收集 》

中国国家图书馆的前身是清代的京师图书馆，民国年间改称国立北平图书馆，1949年以后称北京图书馆。它从诞生之初就担负起了国家图书馆的重要职责，收集并保存《永乐大典》等珍贵文献。

新中国成立后，苏联先后把国内收藏及从日本人手中收缴的64册《永乐大典》赠还了中国，德意志民主共和国赠还3册。中国国家图书馆经过努力采集、国家调拨和国内外各界捐赠，目前收藏的《永乐大典》原本已经达221册（包括现存台北故宫博物院的60册），大都集中存放在国家图书馆的善本书库中。

1960年，中华书局将历年征集到的730卷影印出版。1986年再次影印，增至797卷。2003年后，北京图书馆出版社（今国家图书馆出版社）又出版仿真影印本。

目前，国外收藏的《永乐大典》已经由国家图书馆通过互换胶卷的方式收集齐全。但是，全部收集到的《永乐大典》仅约400册，近800卷，加在一起也没有达到原书的百分之四。

也许，我们只能寄希望于可以找到失踪的《永乐大典》正本，但愿它还完整地保存在某个不为人知的地方，等待着我们去发现。

郑成功收复台湾
御外侮功勋卓著
明英烈流芳千古
精瓷雅具称双绝
书画双绝冠东名
落日余晖映山
科学精神永不朽
永乐大典耀史册
大舰队远航西洋
重隆北京镂辉煌

科学 精神永不朽

自从南宋"程朱理学"成为"官方哲学","八股取士"成为读书人当官的唯一途径，禁锢了知识分子的思想，到了明代，中华大地上的科学家已经寥若晨星。然而，李时珍、徐霞客等人在各自的科学领域仍然取得了世界一流的成就，中晚明的科学著作众多，再现了中华古文明不朽的科学精神。

中华文明故事

万历二十四年(1596年)，南京的一位私人刻书家胡承龙刻印了一部本朝中医学家李时珍撰写的中医药学典籍——《本草纲目》。

仅仅过了10年，1606年，这部巨著就被我们的邻国日本译成日文出版了。之后，又先后被译成英文、法文、德文、俄文和拉丁文等多种文字，并开始在世界各国广泛流传。作者李时珍也以杰出的研究成果登上了世界生物科学的巅峰。

在华夏大地上，关于这部闻名中外的科学巨著及其作者李时珍，曾流传过许多精彩有趣的故事呢！

李时珍是明代重要的中医药学大师。他不仅医术高明，而且知识渊博。他撰写的《本草纲目》，不仅是一部重要的中医药学典籍，而且是世界上最重要的生物学和生物分类学专著。

《 告别八股取士 》

李时珍(1518年—1593年)，字东璧，晚年号濒湖山人，蕲州(今湖北蕲春)人，自其祖父始，三代行医为业。

李时珍从小聪明好学，经常随父亲进山采药，对花草虫鱼很有兴趣。但是，因为乡村医生的社会地位很低，所以，父亲李言闻让儿子"读经书、作八股"，盼着他步入仕途，以改变李家的门风和社会地位。

李时珍读书很刻苦，14岁就中了秀才。但是，他也和父亲、祖父一样与仕途无缘。从17岁开始，李时珍先后3次参加了科举考试，全都名落孙山。他只好告别八股文，踏上了祖父和父亲走过的那条路——当了一名救死扶伤的医生。

《 行医救死扶伤 》

李时珍23岁开始行医，由于他聪明好学，而且刻苦钻研医术，因此，在蕲州一带很快就小有名气了。

传说有一天，李时珍在路上看见一群人抬着棺材送葬，血顺着棺材缝还在淌。李时珍近前仔细观察，见流出来的不是瘀血而是鲜血，赶忙上前拦住："快停下来，棺材里的人还有救啊！"按照风俗，半路上不能停棺，所以，众人都有些犹豫。

李时珍认定棺中人没有死，在他的极力劝说下，主人才答应开棺诊治。棺中是位孕妇，李时珍先给病人进行了按摩，然后又给她扎了一针。不一会儿，棺材内的孕妇就清醒过来。又过了一会儿，妇人顺利地生下了一个男婴。众人欢声雷动，从此，李时珍名声大震，人们纷纷传说他有"起死回生"之术。

李时珍

《 立志重修本草 》

有一天，李时珍正在给人诊病，突然一大群人拉着一个江湖郎中涌进了诊所。为首的年轻人气愤地说："李大夫，您给评评理！我爹吃了这人开的药，病没见好，反倒更重了。我去找他算账，他硬说药方没错。我们信得过您，您给看看是怎么回事。"说着，把药罐子递了过来。

李时珍先抓起药渣仔细察看，又放在嘴里嚼了嚼，自言自语地说道："这是虎掌啊！"那个江湖郎中一听就急了，慌忙分辩说："我没

开虎掌这味药！我方子上开的是漏篮子啊！"

年轻人大声说："肯定是药铺弄错了！"说完，拿着药罐就往门外冲。李时珍赶忙拉住了他："别去了，这是古医书中的错误。"原来，在古代医书上，漏篮子和虎掌是混为一谈的！众人齐声慨叹："唉！药铺有医书为据，打官司也没用啊！"只好放了那个江湖郎中。

又有一次，有位医生为一名精神病人开药，用了一味叫"防葵"的草药，谁知病人服药后却死了。

还有一次，一个身体虚弱的人，因为吃了医生开的"黄精"补养身体，也莫名其妙地送了命。

原来，在几本古代的医药书上，把防葵和狼毒混为一谈，把黄精和钩吻说成是同一种药物。防葵和黄精都没有毒，而狼毒和钩吻毒性都很大，病人误服了毒药，所以送了命。

这一桩桩、一件件药物伤人的事，在李时珍心中激起了巨大的波澜。古医书记载了丰富的知识和宝贵的经验，但是，也存在严重错误，如果不及早修正，是要害人性命的啊！因此，李时珍决心对旧的中医药书进行整理，写一部细致、准确的药物学著作。

出任楚王府俸祀

由于一个特殊的病人，李时珍得到了一个饱览古代医学典籍的机会。朱家皇族——楚王的弟弟朱厚焜的一个家人得了一种怪病——吃灯花，请了许多名医都没能治好。于是，楚王府派人到蕲州来请李时珍。

其实，那个小孩子得的是一种寄生虫病，只不过那些看病的医生都没见过，所以一直治不好。

李时珍到了楚王府，孩子立即药到病除了。为了表示感谢，朱厚焜就给了李时珍一个小官——"楚王府俸祀"。

这个"楚王府俸祀"是管理楚王府祭祀礼节和医生的小官，其实就是个没事待着白拿钱的闲官。对李时珍来说，这确实是件大好事：不仅仅因为白发工资——有俸禄，更重要的是，他可以在楚王府中一面行医，一面饱览府中的医学典籍。

尽管医生的社会地位远不如一个科举出身的小官僚，但是，医术高超的医生却是谁也离不开的，尤其是过着穷奢极欲生活的皇族。嘉靖三十五年（1556年），李时珍经楚王推荐，当上了太医院的副院判。

辞职返回家乡

李时珍当上太医院的副院判之后，除了偶尔给皇族的人看看病以外，并没有多少事情可做。在饱览了皇家的藏书以后，他不愿意继续被庸医们排挤，就以生病为由辞官，仍然当那个楚王府俸祀。

有一次，李时珍给楚王朱英俭的儿子治好了病，为了表示感谢，王妃拿出许多金银珠宝。李时珍表示：救死扶伤乃是医生的职责，他治病不是为了金钱，因此谢绝了王妃的赏赐。

李时珍的高风亮节，赢得了楚王府中所有人的一致称颂，他也因此获得了外出行医诊病、远游采集草药的自由。据记载，李时珍曾多次去神农架的深山中采集草药，人们在神农

李时珍采药图

架还为他树立了雕像呢！

《 精心修订本草 》

李时珍从嘉靖三十一年（1552年）开始修订新的本草，历时27个春秋，直到万历六年（1578年）才最终完成了这部闻名世界的巨著《本草纲目》。

李时珍的成功得益于他两个方面的付出：

第一是行程万里，精心研究。在北京期间，他对北方的药物进行了详细的研究，回到湖北后又先后到湖广、安徽、江西、四川等地进行科学考察。采药的老人、打柴的樵夫、江边的渔翁、出家的僧道都是他的良师益友。通过仔细的观察，认真的收集，他取得了第一手科学资料。

第二是博览群书，开阔眼界。李时珍利用他在楚王府和太医院任职的优越条件，大量阅读了皇家珍藏的医学典籍。历代宝贵的医药学遗产，大大丰富和提高了他的知识水平。

古人说："读万卷书，不如行万里路。"而李时珍既读了万卷

李时珍问药图

书，又行了万里路，再结合自己多年行医的经验，最终完成了这部宏伟的巨著。

《 生物科学巨著 》

李时珍的《本草纲目》共52卷，190多万字，分16部，60类，所载药物1892种。这部巨著不仅纠正了古代药物学中的各种错误，而且第一次对动植物进行了科学分类。李时珍的科学研究在当时达到了世界生物与医药科学的顶峰。

在李时珍的《本草纲目》中，对动物和植物的分类最具特色。

在植物的分类中：李时珍把传统的草、谷、菜、果、木作了进一步分类。他把"草"细分为山草、泾草等9类。把"木"细分为香木、乔木和灌木等6大类。在描述植物的性味和应用的同时，还详细记述了它们的形态和生长环境。

《本草纲目》中记载的植物种类，远远超过了当时欧洲的植物学专著。李时珍采用的植物分类方法是"析族区类，振纲分目"的自然分类法，不仅比现代生物学分类命名的奠基人卡尔·冯·林奈早了一个多世纪，而且更加科学合理。

在动物的分类中，李时珍根据动物的形态进行了非常科学的分类。他按照中国古代的传统，先把动物分成了虫、鳞、介、禽、兽5大类别。然后，又作了更详细的划分。如：他把"鳞"分为龙、蛇、鱼和无鳞鱼，把"禽"分为水禽、原禽、林禽和山禽，把"兽"分为畜、兽、鼠和寓怪。并且对禽和兽分别做出了科学的界定：禽——两足有翼，兽——四足有尾。

李时珍在《本草纲目》中，根据动物的形态和构造对虫、鳞、介、禽、兽五大类动物从低级到高级、从简单到复杂进行了分类，他采用的分类方法比欧洲动物学家乔治·居维叶的分类方法在时间上早了将近两个世纪，而且更具科学性。

中华文明故事

《 名著问世艰难 》

在八股文横行天下的明朝，因为经济上的原因，李时珍的《本草纲目》在出版时遇到了极大的困难。

为了刻印这部巨著，李时珍从北京到南京，跑了许多路；从官员到书商，找了许多人；他还利用自己当过太医院副院判的身份上书皇帝，想请朝廷帮助他出书。然而，直到这位伟大的医药学家去世，这部中医药学巨著始终没能出版。

明神宗万历二十四年（1596年），当这部凝聚着李时珍毕生心血的巨著——《本草纲目》出版的时候，这位为中华民族争得了巨大荣誉的伟大科学家已经去世3年了。

为了纪念李时珍在中国医药学上做出的重大贡献，蕲州的百姓在他的家乡修建了著名的"李时珍陵园"。

东方的地理学家

在李时珍的《本草纲目》开始流传海外的时候，华夏大地上又一位伟大的科学家踏上了科学的旅程，他就是著名的学者、旅行家、地理学家徐霞客。

徐霞客的一生，几乎踏遍了万水千山，东南沿海、长江两岸、山陕高原、华北平原以及广西、云南都留下了他的足迹。他对这些地区的地形、地貌、河流、山脉以及动植物资源都进行了详细的考察。

徐霞客考察了名山的成因，探究了火山的喷发，还对黄河、长江的

当西方人还在为"上帝是如何创造世界的"进行争论的时候，在东方的大地上，伟大的旅行家、地理学家徐霞客已经开始对各种复杂的地质现象进行深入的研究了。

源头进行了详细的探寻，并且得出了正确的结论。徐霞客取得的地理学成就远远走在了世界科学界的前面。

徐霞客（1586年—1641年），名弘祖，字振之，号霞客，南直隶江阴（今属江苏）人，生于书香门第。他的祖上在宋代当过大官，元朝之后，徐家就不再做官了，直到明朝，徐家人才重新步入仕途。

徐霞客

徐霞客的父亲徐有勉为人十分正直，不齿官场上的尔虞我诈，因此一生隐迹田园。据说，徐有勉从来不同官宦人家往来。有一次，几位官员慕名来访，徐有勉得知后，立即乘上小船到太湖游玩去了。父亲的铮铮傲骨，对徐霞客的一生产生了巨大影响。

明末政治黑暗，徐有勉希望儿子做一个正直的人，远离肮脏的官场。

徐霞客的母亲也是一位非比寻常的母亲，她非常支持儿子饱览祖国大好河山的远大志向。为了让在外远游的徐霞客放心，徐母不顾年迈，亲自陪儿子到家乡附近的山川去旅行，以表明自己身体很好，不要儿子为她担心。

徐母经常勉励徐霞客："好男儿应志在四方……你怎么能为了我成为笼中鸟、辕下驹，坐困于家中不去施展自己的抱负呢？"

徐霞客在父母的影响下成了一位踏遍祖国名山大川的杰出学者和旅

行家，成了一位出身于书香门第的地理学奇才。

《 考察岩溶地貌 》

徐霞客在地质科学上的最重要贡献之一就是对岩溶地貌的考察。

徐霞客是全世界第一个对石灰岩地貌——也称岩溶地貌或喀斯特地貌进行详细考察和记录的地理学家，他的旅行考察记录《徐霞客游记》，也被公认为世界上最早的研究岩溶地貌的珍贵文献。

徐霞客于崇祯十年（1637年）到达湖南，然后，一路向西，先后进入广西、贵州和云南。他详细考察了美丽、奇特的岩溶地貌，并作了世界上最早的科学记载。

在考察中，徐霞客不仅记载了岩溶地貌的特点，还对不同地区的岩溶地貌进行了区分，考察了它们不同的成因。

徐霞客指出：云南的山是土山，所以河流中的水比较浑，容易堵塞成湖泊；广西的山是石山，所以河流中的水非常清，经常把石山穿成洞穴，风景也非常美。而贵州的山介于两者之间，所以贵州的河流有清也有浊。

徐霞客在对湘、桂、滇、黔四省的岩溶地貌进行考察时，先后冒险进入过上百个石灰岩溶洞。

在他的游记中，不仅详细记录了这些溶洞的地理位置、内部结构以及石笋、石柱、石钟乳的发育情况，还记载了溶洞中暗河的水量、流向等重要科学数据。

广西桂林的七星岩溶洞的规模非常大，结构也格外复杂。洞中的石笋、石柱巧夺天工，悬挂的石钟乳形状美丽、独具特色，因此，引起了徐霞客极大的兴趣。他不仅对这个巨大的溶洞进行了多次勘察和测量，而且进行了详细的记载。

徐霞客对岩溶地貌的科学考察比欧洲科学家早近两个世纪，他所做的记录是全世界研究岩溶地貌最早、最珍贵的科学资料。

由于徐霞客的记录非常科学，英国科学家、中国科技史研究专家李约瑟博士称赞说："他的游记读起来并不像是17世纪的学者写的东西，倒像是一位20世纪的野外勘测家所写的考察记录。"

《 探寻江河源头 》

徐霞客在地理科学上的另一个重要贡献就是对长江源头的考察。

浩浩荡荡的长江流经了大半个中国，它的发源地在哪儿，自古以来就是个不解之谜。徐霞客是在长江边上长大的，浩浩荡荡的江水总是引起他无限的遐想。

徐霞客在对黄河的考察中已经发现，黄河的发源地很远，在昆仑山以北。

按照古人"岷山导江"的说法，长江发源于四川岷山。这让他感到很奇怪：黄河的水量比长江小，发源地很远；长江的水量很大，发源地却很近。他认为这是很不合理的。为了解开这个谜团，徐霞客从江西出发，入湖南，经广西、贵州到达云南；然后，又溯江而上，历经千辛万苦，终于到达了长江的上游——金沙江。

徐霞客通过对金沙江和岷江的考察，根据河流"以长为源"的原则，深刻地认识到：《禹贡》中"岷山导江"的说法是错误的，长江并不是发源于岷山，岷江不过是长江的一条支流，金沙江才是长江的真正源头。

徐霞客在他撰写的游记中得出了非常科学的结论：黄河发源于昆仑山北麓，而长江发源于昆仑山南麓。……发源于南面的河水，向南流过石门关，然后往东拐入丽江，称为金沙江；金沙江再向北弯曲和岷江汇合。

长江源头——沱沱河

　　尽管徐霞客没能到达长江源头，但是，他纠正了古人"岷山导江"的错误说法，正确地指出了长江的源头是金沙江，并且科学地推断出了长江的发源地在昆仑山的南麓。

　　1978年，中国国家科考队正是按照这一论断在金沙江上游找到了长江真正的源头——唐古拉山主峰各拉丹冬的沱沱河。

《 探索河流奥秘 》

　　徐霞客在对福建的科学考察中，发现了一个奇怪的现象：九龙江和建溪这两条河的发源地、海拔基本相同，但是，其中一条河水流湍急，另一条河却水势平缓。为什么会出现这种怪现象呢？

　　徐霞客在进行了详细的考察后，终于发现了其中的奥秘：尽管这两条河的发源地、海拔相同，流程却相差很大。河流的流程越长，河床坡度越缓，流速就越慢；河流的流程越短，河床的坡度越陡，河水的流速就越快。因此，就形成了两条河一条水流急、一条水流缓的现象。

福建九龙江

　　徐霞客经过详细的考察还发现，古代典籍中的许多说法是错误的。他在游记中明确地告诉人们：澜沧江并没有东流注入沅江，怒江也不是澜沧江的支流，沅江、怒江和澜沧江都是单独入海的，互相之间并没有什么联系。

〖 考察火山活动 〗

　　徐霞客还对云南腾冲火山地热进行了详细的科学考察。他是我国、也是全世界第一个对火山地热进行考察的科学家。

　　当地人告诉徐霞客，在腾冲打鹰山的密林里有4个深不可测的"龙潭"，龙潭的周围只要有一点轻微的响声，龙潭中的水就会泛起波纹。有一次，几个放羊的人赶着羊群来到这里，突然，发出一声巨响，连人带羊全部都死了，密林中也燃起了大火。灾难过后，密林烧光了，龙潭也消失了。

云南腾冲火山锥

徐霞客实地考察以后，发现人们所说的龙潭就是积水的火山口，巨响就是火山喷发时发出的声音。徐霞客在打鹰山不仅找到了火山喷发后留下来的火山锥，还发现这些火山一直在活动着，他在游记中作了详细的描述。

《 研究生物分布 》

徐霞客先后游历了大江南北、黄河两岸和滇、桂、湘、黔等16个省。东到浙江的普陀山，西到云南的腾冲，南到广西的南宁，北至河北蓟县的盘山，都留下了这位伟大的地理学家的足迹。

徐霞客在旅行中不仅对河流、山川进行了详细的考察，而且对当地的气象和动植物也进行了详细的考察、研究和记载。

在徐霞客的游记中清晰地记载着：当阳光明媚的平川已经鲜花盛开，幽深的峡谷里依然是冰雪覆盖；当平坦的原野刚刚进入夏末秋初，高高的山上却已经大雪纷飞了。这些都是由于地形和海拔高度的不同造成的。

徐霞客在旅行中发现，许多植物"名不符实"是因为产地的关系。在家乡的时候，徐霞客很不理解冬瓜这个名字的来由，因为在江苏，冬瓜是在夏天成熟的，叫它冬瓜实在没有一点儿道理。到了广西以后，徐霞客才知道，这种瓜在广西确实是在冬天收获的，而广西正是冬瓜的原产地，只有在广西，冬瓜才名副其实是冬天的瓜呢！

《徐霞客游记》

崇祯十三年（1640年），徐霞客在云南考察时患了重病，被人送回了江阴老家。第二年，这位伟大的旅行家、地理学家就去世了。

徐霞客30多年的旅行生涯，主要是徒步跋涉。他不避风雨，不怕虎狼；以野果充饥，以清泉解渴；与长风为伍，与白云为伴；出生入死，尝尽艰辛。他的科学探索精神确实古今罕有。

徐霞客在野外考察中，不管多么劳累，都坚持把当天观察到的自然现象记录下来。这位伟大的地理学家共写下了2000多万字的科学考察资料。

遗憾的是，在明代，人们大量刻印的是程朱理学的书籍和八股考试的文章，哪里有人关心科学？因此，徐霞客的科学记录大部分都散佚了。

现存的仅有40万字的《徐霞客游记》，只是当年徐霞客科学考察成果的极少的一部分。然而，这仅存的内容仍然是世界科学史上最珍贵的地理学资料，同时具有极高的文学价值。

落日余晖映山河

　　中晚明的科学技术出现了新的进步，科学著作众多，除李时珍、徐霞客外，宋应星、徐光启等科学家都有所建树。

　　宋应星对中华五千年的科学技术进行了全面总结，他撰写的《天工开物》受到了世界科学界的高度重视。徐光启最先引入了西方的科学技术，向中国人介绍了西方的欧几里得几何学，介绍了西方全新的天文学知识。

　　尽管在"八股取士"的大环境下，宋应星和徐光启在科学上的重要贡献已经是"落日的余晖"，然而，夕阳依旧辉煌灿烂、瑰丽无比。

学贯中西徐光启

徐光启是晚明最重要的科学家和思想家，也是第一个主张引进西方先进科学技术的学者。他和意大利学者利玛窦共同把著名的古希腊数学家欧几里得的《几何原本》译成了中文。

徐光启

上中学后，大家会了解到数学领域有一个重要分支——几何学。

凡是到过上海的人都知道有个地方叫"徐家汇"。那么，"几何"这个中文词汇是谁确定的呢？"徐家汇"这个地名又是怎么来的呢？

其实，这两件看起来毫不相干的事情都与明朝的大学者、政治家徐光启息息相关。

徐光启（1562年—1633年），字子先，号玄扈，上海县（今上海市旧城区）人，是明代著名农学家、数学家、科学家、政治家和军事家，也是中西方文化交流的先驱。徐家汇因他而得名，而"几何"这个中文名称也是他确定的！

徐光启是万历三十二年（1604年）的进士，后来成为明末重臣，最高的官职是文渊阁大学士。徐光启深刻地认识到：宋明理学确实不是"经世致用"之学，因此，他最先把目光转向了西方。

徐光启在天文、历法、数学和军事武器制作方面，吸收了西方的先进科学思想和技术手段，为东西方的文化交流作出了重大贡献。

《 向往西方的科学 》

徐光启在早年求学时期，就通过天主教会的朋友，见到了令他感到惊奇的世界地图，知道在中国之外还有那么大的一个世界。不仅如此，他还第一次听说地球是圆的，有个叫麦哲伦的西洋人乘船绕地球航行了一周。还第一次听说意大利有个叫伽利略的科学家制造了天文望远镜，能清楚地观测星体的运行。这些新鲜事物，引起了他对西方近代自然科学极大的兴趣。

利玛窦

徐光启听朋友说，在中国传教的西洋人利玛窦精通西洋的自然科学。于是，他到处打听利玛窦的下落，想向他当面请教。崇祯元年（1600年），徐光启听说利玛窦在南京传教，于是，就来到南京登门拜访。

利玛窦（1552年—1610年），意大利人，天主教神父。30岁从意大利神学院毕业，被派到中国来传教。此人从小勤奋好学，在数学、物理、天文、医学等方面都有很深的造诣，而且擅长制作钟表，绘制地图。为了便于同中国人交往，他刻苦学习中国的语言、文字和古代文化，穿中国人的服装，按照中国人的礼节与人交往，还为自己取了一个中国名字——利玛窦。

徐光启见到利玛窦，对他表示了仰慕之情，并表示想向他学习西方的自然科学。利玛窦看他是个读书人，也想向他学习中国古代的文化典籍，他们从天文谈到地理，又从地理谈到数学。最后，两个人成了好朋友。万历三十一年(1603年)， 徐光启在南京接受洗礼，加入了天主教会。

翻译《几何原本》

万历三十二年(1604年)，徐光启考中进士，步入仕途。万历三十四年(1606年)，利玛窦开始向徐光启传授西方的科学知识，他用公元前3世纪古希腊数学家欧几里得的著作《几何原本》做教材，先给徐光启讲授了西方的数学理论。

利玛窦每两天给徐光启授课一次。在学习中，徐光启完全被古希腊数学中严密的逻辑推理迷住了，他深刻地认识到，缺少逻辑推理正是中国古代数学的最大不足。

徐光启与利玛窦

于是，徐光启建议利玛窦与他合作，把欧几里得的《几何原本》译成中文。刚开始，利玛窦不大同意，他认为要译得准确、流畅，又要通俗易懂很不容易。但是，徐光启认为只要肯下功夫，肯定能翻译好。在他的极力劝说下，利玛窦最终同意了。

1606年的冬天，他们开始了紧张的翻译工作。先由利玛窦用中文逐字逐句地口头翻译，再由徐光启记录下来。每译完一段，徐光启再字斟句酌地作一番推敲修改，然后，由利玛窦对照原著进行核对。遇到翻译得不准确的地方，利玛窦就把原著再仔细讲述一遍，让徐光启重新修改。

他们经常工作到深夜，有时候利玛窦休息了，徐光启还坐在灯下仔细推敲、修改书稿。今天，我们数学上使用的"三角形""直角""锐角""钝角""对角""平行线""相似形"这些术语，都是他们呕心沥血、反复推敲才确定下来的。

万历三十五年（1607年）春天，徐光启和利玛窦终于译完了《几何原本》的前六卷。徐光启本来想一鼓作气，接着往下译，争取在年内译完。利玛窦却主张先将前六卷刻印出版，看看学术界的反应。于是，他们就以《几何原本》为书名，刻印出版了前六卷。

中文版《几何原本》的问世在社会上引起了巨大反响，标志着东西方文化交流的开端。这部书很快就成为明末数学家们的必读之书，对中国近现代数学的发展起到了重要作用。

《 修订天文历法 》

徐光启不仅为中国近代数学的发展作出了贡献，而且在中国近代天文历法的改革方面取得了突出的成就。

明代使用的《大统历》，就是元代郭守敬的《授时历》。这部历法在订制的时候虽然很准确，但是，日久天长，积累的误差越来越大，到了明代中叶，已经很不准确了。

根据《明史·历志》的记载，早在成化年间（1481年）就有人建议修改历法。但是，由于明朝皇帝相信天人合一，怕修改历法会引起变天——动摇自己的统治，所以没有采纳。由于建议修改历法可能被判重罪，为了避免脑袋搬家，后来就很少有人再敢提修改历法的事儿了。

万历三十八年（1610年）十一月发生了日食，司天监的预报出现严重错误。朝廷只好下令，让担任礼部侍郎的徐光启和西方传教士们共同翻译西方的天文历法书籍，为修订新历法作准备。

崇祯二年(1629年)五月又发生了一次日食。由于日食发生的时刻与徐光启用西方天文历法推算出来的时刻完全一致。于是，礼部官员奏请崇祯皇帝，在宣武门内首善书院设立了著名的西洋历局，徐光启亲自在这里主持修订新历法。

《崇祯历书》一共46册，长达137卷，内容分为两部分。

第一部分是西方天文学理论，书中叫作"基本五目"，分别是法原(天文学基础理论)、法数(天文学表)、法算(天文计算中的数学知识)、法器(天文学仪器)和会通(中、西方度量单位的换算表)。这部分有40多卷，占全书的三分之一。

第二部分是根据西方天文学理论推算得到的天文学结论，共分六目，主要记载了：太阳的运行、月亮的运行、行星的运行、恒星、日月食以及行星与太阳的关系等。

由于当时哥白尼的"日心体系"在理论上、实测上都不成功。(哥白尼体系中地球轨道为正圆，实际是椭圆。)误差远大于托勒密的"地心体系"。所以《崇祯历书》采用了丹麦天文学家第谷·布拉赫的宇宙体系，而没有采用哥白尼的宇宙体系。

第谷·布拉赫当时已经知道五大行星是绕太阳运行的。但是，按照基督教教义，地球是宇宙的中心，所以，第谷·布拉赫的宇宙体系是：太阳率领五大行星环绕地球运行。

尽管如此，这部书仍然对哥白尼的日心体系和开普勒的行星运动三定律作了详细介绍，还把哥白尼誉为欧洲历史上最伟大的4个天文学家之一。

《崇祯历书》在崇祯七年（1634年）完成后并没有颁布。新旧历的优劣之争一直持续了10年。直到崇祯十六年(1643年)八月，朝廷才决心颁布新历。但是，诏令还没有推行，明朝就灭亡了。

清初，德国传教士汤若望重新修改了《崇祯历书》，并由清顺治皇帝更名为《西洋新法历书》，被收入了《四库全书》。依此编制的《时宪历》得到颁行。

《 徐光启的建议 》

徐光启不仅翻译了欧几里得的《几何原本》，而且还明确地指出了中国数学在明代落后的原因。徐光启认为，中国的数学在明代逐渐落后于西方国家，主要原因是得不到推崇理学的士大夫的重视。

徐光启不仅翻译了欧几里得的《几何原本》，还天才地指明了数学的应用范围。徐光启提出了10个与数学密切相关的领域，包括天文历法、水利工程、会计理财、建筑工程、机械制造、舆地测量、医药制造、钟表计时、音律、兵器兵法和军事工程。

在400多年前，就把数学的应用领域讲述得如此完备，他确实是天才！如果明朝能够按照徐光启的方法推行科学技术，世界最早的"科学院"就不会出现在欧洲，而是出现在中国了。

据说，在《几何原本》中文版刊印发行时，徐光启曾抚摸着这部书感慨地说道："这部数学著作在此后的一百年里，必将成为天下学子必读之书，但到那时候只怕已太晚了。"

由于改朝换代，徐光启的科学思想始终没有得到应有的重视，直到清末洋务运动开始，这部书才重新进入人们的视野，但是，时间已经过去200多年了。

在世界科学飞速发展的年代，有几个百年可供蹉跎？于是，有过辉煌古代文明的中华民族在近代放缓了前进的脚步，沦入了落后、挨打的行列！

在明代的科学技术典籍中，比徐光启这部备受冷落的《几何原本》

更加不幸的是宋应星的《天工开物》。

经世致用宋应星

宋应星是明末著名科学家和思想家。他撰写的《天工开物》虽然被清政府封杀，却被译成多种文字流传海外，在欧美和日本产生了重大影响。

宋应星

宋应星（1587年—1666年），字长庚，奉新（今江西）人，明末著名科学家和思想家。他撰写的《天工开物》是明清交替之际最重要的科学著作，是对宋元以后华夏大地上科学技术成果的重要总结。

宋应星出身于书香世家，从小聪明好学，熟读经史。在宋元时期的儒学大师中，宋应星最推崇张载的唯物主义自然观，因此，他对科学技术非常感兴趣。

宋应星始终没能考中进士，因此做过的最大的官是知州，也就是五品官。明朝灭亡后，宋应星回到家乡奉新，过着隐居生活，最后在贫困中去世。

宋应星走南闯北，艰辛求学，跋涉十几万里，虽然没能考取功名，但是，却获得了大量珍贵的科学技术资料。这使他扔掉了没有任何实用价值的八股文，转向了"经世致用"之学——自然科学。

宋应星博学多才，是一位全科的学者。崇祯十年（1637年），他撰写的《天工开物》在朋友的帮助下正式印刷出版了。这部书对中国上千年的先进生产技术进行了全面总结，是近代中国最重要、最实用的百科全书。

《天工开物》共3卷18章，几乎囊括了全部生产和生活领域，不仅记载了与农业、手工业相关的30多个不同部门的生产技术，而且对军事工业——武器制造也进行了重要探索。

《天工开物》中的纺织工艺

宋应星在《天工开物》中记载了明代先进的纺织技术和纺织机械。并且配有详细的插图。

按照宋应星的记述，明代的提花机全长大约1.6丈（约5.3米），其中高高耸起的是花楼，中间托着的是衢盘，下面垂着的是衢脚(衢脚是由磨光的竹棍做成，共有1800根)。

提花的工人坐在花楼的木架子上工作。在纺织素罗时，可以不用起花纹，如果要在软纱、绫、绢上织出波浪纹和梅花等小花纹，只要比织素罗时多加两片综框，由一个人踏织就可以了。

《天工开物》中的采煤工艺

宋应星在《天工开物》中记载了明代先进的煤炭开采技术，并且配有十分详细的插图。书中对瓦斯的处理、巷道的修建和护板支架的使用都进行了详细说明。

宋应星在书中写道：采煤经验丰富的人，从地面上的土质情况就能判断地下是不是有煤。

煤层出现时，毒气冒出来能伤人。处理方法是：把大竹筒凿成通的，削尖竹筒的末端，插入煤层，让毒气通过竹筒排出，人就可以下去用大铲挖煤了。这同今天的瓦斯处理方法已经十分接近了。

书中还写道：如果发现井下煤层向四方延伸，可以横向修建巷道进行挖取。巷道要用木板支护，以防崩塌伤人。

《天工开物》中的冶金工艺

《天工开物》中记载：明代炼铁、炼铜、炼金、炼银等技术都已经相当先进。明代的炼铁规模已经相当大，一座炼铁炉可以装铁矿石2000多斤，燃料可以用硬木柴、煤或者木炭。

炼铁时使用的风箱很大，通常要用4到6个人一起拉才能拉得动。铁矿石化成了铁水以后，就会从炼铁炉的腰孔中流出来。（这个腰孔平时用泥塞住，出铁水时才打开。）

出铁之后，再用泥把腰孔塞住，然后，放入新的矿石、燃料，再次鼓风熔炼。每两个钟头炼一炉铁。

宋应星记载的炼铁工艺与现代炼铁工艺已经没有太大区别了。

《天工开物》中的火器制造

宋应星在《天工开物》中记述了多种火药武器的制造方法，记述了陆上作战的西洋大炮、红夷大炮、大将军、二将军和装载在战船上的舰船炮——佛朗机等火器的形状、构造、威力和使用方法。书中还详细记载了三眼铳、鸟铳和地雷的制造方法。其中鸟铳的制作方法记载得非常详细。

鸟铳长约3尺（1米），制作时先制出枪管，然后将枪管嵌在木托上，以便于手握。使用时，左手握铳对准目标，右手扣动扳机，枪管中的火药和弹丸就发射出去了。书中还记载，鸟枪的射程超过二百步，制法跟鸟铳相似，但枪管的长度和装火药的量都增加了一倍。

《《天工开物》中船舶与自然力的利用 》

《天工开物》还记载了明代领先世界的造船技术，明代最长的漕船长十几丈（约30米－40米）；沿海岸运粮的浅遮洋船比漕船稍大一些，与国外的海船的大小相差不多。

中国商人往来于琉球、日本、爪哇等地经商的海船则比浅遮洋船大得多，造价也比浅遮洋船高出10倍以上。

《天工开物》还专门记载了中国船舶上的风帆。如果顺风，调节得准确，船航行时快如奔马。如果风力不断增大，还要减少帆叶。风力很猛烈时，只带一两叶风帆就足够了。中国帆船上的风帆还可以借用横向吹来的风航行，行船的人把这叫"抢风"。"抢风"时，借助水势和风力的挤压，船同样可以飞快地在水中航行。

《《天工开物》中水车与自然力的利用 》

《天工开物》中，最重要的记载是对自然力的利用，帆船对风力的巧妙利用只是一个方面，更多的是对水力的利用。

在《天工开物》中，宋应星对筒车和水碓描述得最为详细。

书中记载，靠近江河边上使用筒车灌溉最方便，先筑好堤坝阻挡水流，让水流绕过筒车的下部，冲激筒车的水轮旋转，水就装进了筒内，这样一筒筒的水便会倒进引水槽，然后流入田里。由于筒车不用人力就能昼夜不停地引水，因此，一昼夜能浇灌上百亩土地，十分方便。

书中还记载了一种非常先进的水碓。这种水碓设计巧妙，利用水流的冲击使水轮转动，可以一举三用——用第一节带动水磨磨面，用第二节带动水碓舂米，用第三节引水浇灌稻田，考虑非常周密，设计非常巧妙。

《天工开物》命运坎坷

《天工开物》在崇祯十年（1637年）印制后，很快就引起了学术界的广泛关注。到明代末年，就有人刻了第二版，准备刊行。但是，由于朝代的更替，这部书很快就消失了。

原来，这部书不仅记载了火器的制作方法，还写有用先进的火器阻止八旗军入侵中原的言论，因此，在清初被列入了"禁书"。清朝在编辑《四库全书》时，把这部书跟其他具有反清言论的书一起收集起来，全部焚毁了。

直到200多年后的民国初年，这部书才重见天日。有人在查《云南通志》时发现，书中的炼铜技术引自一本叫《天工开物》的书，于是，他就到北京的各个大图书馆去搜寻这本《天工开物》，结果一本都没有找到。

他又去询问那些著名的藏书家，也没有一个人知道这本书。也就是说，经过清政府近300年的统治，宋应星的《天工开物》在中国已经基本绝迹了，没有人知道曾经有过这样一本重要的科学著作了！

后来，一个很偶然的机会，这个人在一位日本朋友家中发现了《天工开物》的日文版。于是，他就到日本的图书馆去查找这本书的中文版。他虽然没有查到《天工开物》的中文版，却发现了英文、俄文、德文、法文等多种文字的译本，其中的法文版还是全译本呢！

这位先生立即跟踪追击，在法国国家图书馆找到了《天工开物》的明朝原刻本。这个原刻本在所有版本中印制得最为精美，今天，我们看到的《天工开物》就是按照这个原刻本重印的。

如果徐光启的《几何原本》受到应有的重视；如果宋应星的《天工开物》不被埋没和焚毁，不在国外广泛流传，而是在国内发扬光大，也许中国的历史会被完全重写！

郑成功收复台湾 御外墨功勋卓著 明英烈流芳千古 精瓷雅具却...... **书画双绝惠......** 落日余晖映山河 科学精神永不朽 永乐大典耀史册 大舰队远航西洋 重隆北京镶辉煌

书画
双绝真名士

从明代开始，江南的苏杭一带就成了文人荟萃之地。据记载，当时云集苏州的画家有上百人之多。因为苏州古属吴国，所以，这个阵容强大、风格相近的画派就被后人称之为"吴门画派"了。

上一卷我们讲过，元代画坛上的代表人物是"元四家"。进入明代以后，画坛上的领袖人物变成了"吴门四家"——沈周、文徵明、唐寅和仇英。

明朝中叶的"吴门四家"和后来的徐渭、董其昌都继承了"元四家"的文人画画风，他们笔下的山水、人物、花鸟、虫鱼和设色水墨技法，为近代中国的传统绘画艺术奠定了重要基础。

沈周厌恶官场，终生不应科举、不入仕途。他潜心诗文、书画，生活飘逸、潇洒。著名的江南才子——"吴门四家"中的唐寅和文徵明都是他的学生，在绘画方面深受他的影响。

沈周（1427年—1509年），字启南，号石田、有竹居主人等，是明朝中叶苏州有名的才子，著名的"吴门画派"的开创者。

沈周的画风直接继承了董源、巨然和"元四家"水墨浅绛山水的特色。由于他在宋元名家的基础上开创了文人写意山水、花鸟的绘画技法，所以被尊为"吴门画派"的领袖。

沈周家学渊源，他的曾祖父是元末画家王蒙的好朋友，他的父亲和伯父都以诗文书画闻名乡里。沈周一生居家读书、吟诗作画，不入官场。

沈周的诗文、书画造诣都很高，《明史·沈周传》称其绘画为"明世第一"，但是，沈周为人非常平易近人，凡是向他求画的，即使是"贩夫牧竖"，他也从不拒绝。

【 传世山水画作品 】

沈周为人过于宽宏，据说，有人模仿他的画，然后让他题款，他都欣然命笔。因此，鉴定他的绘画作品十分困难。目前，确认为沈周的传世绘画作品有《仿董巨山水图》轴、《庐山高图》轴、《沧州趣图》《菊花文禽图》《卒夷图》《墨菜图》和《卧游图》等。

【 《沧州趣图》 】

《沧州趣图》是沈周山水画中的精品。这幅画纸本设色，纵29.7厘米、横885厘米，现收藏在北京故宫博物院。沧州地处北方，沈周从来没到过沧州，他只是借沧州之名展现自己的绘画之趣，所以题名为《沧州趣图》。

该画采用的是平远构图，撷取了江南水乡的优美景致。山丘逶迤，水波浩渺，坡岸之上，杂树成林，既有南方山川的秀美风光，也融入了北方山峦的雄浑气势。

该画运用了董源、巨然表现江南山水的绘画技法，披麻皴、点苔、中锋运笔和水墨渲染等。整幅画卷在苍茫之中透着一种清秀之美，既有董、巨山水的优美风韵，又给人一种雄浑壮阔之感。

《《菊花文禽图》》

沈周不仅长于山水，他的花鸟画也画得非常生动、传神。沈周在绘画史上最重要的贡献就是以写意的手法表现花、鸟、草、虫的生动神态。后世文人画中的花鸟画技法或多或少都受到了沈周的影响。

《菊花文禽图》是沈周花鸟画的代表作，也是他晚年的精品画作。该画纵104厘米，横29.3厘米，纸本，墨笔，现藏于日本大阪市立美术馆。图中画着一株高耸挺拔的墨菊，枝头上五朵菊花，四朵盛开、一朵初放。花下有一只禽鸡昂头展翅，全神贯注地注视着上方一对飞舞的蝴蝶。墨菊的悠然挺立、禽鸡的展翅昂头、蝴蝶的翩翩飞舞都洋溢着生命的旋律，整幅画卷生动鲜活，情趣十分优雅。

该画虽然没有使用色彩，是水墨画，但是墨色浓淡相宜。菊花的茎、叶都是浓墨点写而成，枝头的花朵以双勾之法细细描画，整株墨菊与长长的细竹相伴而立，相映成趣。禽鸡身上的羽毛、鸡冠都是用墨点出，尤其是鸡的眼睛用浓墨点染，非常生动传神。

该画作于正德四年（1509年），这时的沈周已经年过八旬。图上有沈周自题的诗："文禽借五色，故竚菊花前。何时舜衣上，云龙同焕然。"

画完《菊花文禽图》几个月后，沈周这位画坛名师即驾鹤西去了。

《 重大的艺术贡献 》

沈周在绘画史上的贡献是空前绝后的。他承上启下，继承和发扬了五代、宋元各派名家的绘画技艺，创立了独具风格的"吴门画派"。

沈周最喜欢在画上题诗，唐王维是"诗中有画、画中有诗"，而沈周则是"因画得诗，诗画相映"，开创了明清两代文人画的先河。

沈周是传统绘画中写意山水、写意花鸟画的真正开创者，明清文人画、写意画的发展都与他有着千丝万缕的联系。

书画双绝文徵明

文徵明诗、文、书、画样样都造诣精深，人称其为"四绝"的全才。文徵明是吴门画派的重要画家，他笔下的山水、人物、花卉、兰竹无一不工；他的设色、水墨、工笔、写意无一不精。

在"吴门四家"之中，紧随沈周之后的是他的学生文徵明。

文徵明（1470年—1559年），原名文壁，字徵明，长洲（今江苏苏州）人。因为祖籍衡山，自号衡山居士，后人也称他"文衡山"。论诗文，文徵明与祝允明、唐寅、徐祯卿并称"吴中四才子"；论绘画，他与沈周、唐寅、仇英合称"吴门四家"。

文徵明仕途坎坷，从25岁到53岁参加了10次科考，都落第而归，把大好年华全都荒废在了考场上！直到54岁他才以贡生的资格进京，当了个品位极低的翰林院待诏。此时，文徵明的书画已经闻名朝野了。

文徵明在翰林院目睹了官场的腐败，很快就愤然辞官，返回苏州，断绝了仕途之念。从那以后，文徵明潜心诗文书画，由于他誉满江南，求购他书画的人把门槛都踏破了。

文徵明直到年近九旬，还在孜孜不倦地为人书写作画。在他九十岁那年的新年，还赋诗作贺呢！第二年的二月二十，文徵明刚刚为一位朋友写好一篇墓碑铭，就"置笔端坐而逝"了。

《 文徵明山水佳绝 》

文徵明早年师从沈周，中年致力于学习赵孟頫、王蒙等名家，晚年深研董源、巨然的山水，最终，吸取众家之长，成为"吴门画派"的精英。

文徵明晚年的山水画越来越精妙，意境也越来越深远。他的水墨山水和设色山水都相当出色，尤其是设色山水，大多青绿重彩，间施浅绛，在鲜丽中显现出清雅的气质，具有典型的"吴门画派"的风貌。

《《惠山茶会图》》

《惠山茶会图》为纸本，设色，纵21.9厘米，横67厘米。该画虽然没有署款，只有钤印"文徵明印"和"悟言室印"，但前有蔡羽所写的序，记载此画作于明正德十三年（1518年），后有蔡羽、汤珍、王宠三人的诗。按蔡羽所写的序推断，这年文徵明49岁，正当盛年。

文徵明的山水画传世作品虽然很多，但是，《惠山茶会图》却有着重要意义，它不仅是文徵明重要的山水画作品，还记载了他回到江南以后潇洒的文人生活。

画面突出了"茶会"的场景。在一片松林中有茅亭、泉井，文人们冶游其间，或围泉井而坐，展卷吟哦；或散步于林间，交谈赏景；或观看童子烹茶等。每个人的动态、神情都描绘得生动、传神。这幅画不仅清晰地画出了青山绿树、苍松翠柏的幽雅环境，而且画出了文人墨客闲适、文雅的气质与境界。

《惠山茶会图》为青绿、浅绛相融合的设色，山石大都敷以石绿，勾线和凹处以淡赭微晕，树干则用赭石、藤黄间染而成，显得文秀隽雅、质朴古拙，充分展现了"吴门画派"以书入画的艺术特色。

文徵明晚年的绘画更加成熟，他的《仿李成寒林图》《古木寒泉图》《江南春图》等件件都是精品。

《江南春图》

现收藏于台北故宫博物院的《江南春图》是文徵明设色山水的重要代表作。

该画的构图独具匠心。近景画的是湖岸几株树，枝头新绿初发，彰显着明媚的春色；左侧画有三株树，两直一斜相伴相依；右侧一树直立，与左侧相映成趣。在树后的湖中，画了一叶小舟，有一位文人悠闲地坐于舟中欣赏着春天的美丽景色。稍远处的湖水对岸，楼阁隐现于绿树丛中；洲渚水上的小桥之畔，春风中杨柳依依。远景高山耸立，山下谷口的潺潺流水与湖水相连，使得远景与中景、近景自然相接，浑然一体。

整幅画卷设色优雅，山色以小青绿配色，坡岸以赭石点染，树枝上的新叶则以花青点成，画中的垂柳枝条依依，似乎正在随风摇曳。

《江南春图》构图、色彩极美，画技、意境俱佳。

《 书法绘画紧相依 》

文徵明书法造诣也十分高深。

他的行书和小楷主要师法晋王羲之的笔意，同时也吸取了唐宋两朝颜、柳、苏、米等名家之长，被后人称为"明代第一"。

文徵明的草书更是冠绝一时，除了学"二王"的小草之外，他深得唐代书法家怀素用笔之神意，后人评价他的狂草有"飘逸绝尘"之韵。

有人一生连一件事也做不好，而文徵明却做到了"诗、文、书、画"四绝。

潇洒飘逸唐伯虎

唐寅（1470年—1523年），字伯虎，号六如居士、桃花庵主等。吴县（今江苏苏州）人。

唐寅不仅才学出众，满腹经纶，还是一位天才的画家和书法家。然而，他一生

唐寅是江南著名才子。他才学出众，诗文书画皆精。论绘画与沈周、文徵明和仇英并称"吴门四家"；论诗文与祝允明、文徵明、徐祯卿合称"吴中四才子"。

命运坎坷，最后困顿潦倒而死，年仅54岁。唐寅的临终绝笔充分表露了他愤世嫉俗的心境："生在阳间有散场，死归地府又何妨。阳间地府俱相似，只当漂流在异乡。"

《 科场无辜受牵连 》

唐寅博览群书，才学出众，16岁参加秀才考试名列第一，轰动了吴县；29岁到南京参加乡试，中第一名解元，再一次轰动了整个吴

中。不幸的是，唐寅在京城会试中因"科场舞弊案"，永远离开了仕途之路。

那一年，京城会试的主考官是程敏政和李东阳。考试结束后，看到有两份试卷做得非常好，文辞优雅，程敏政高兴得脱口而出："这两张卷子肯定是唐寅和徐经的。"

这句话传了出来，弄得满城流言蜚语，盛传江阴富人徐经贿赂主考官事先取得了试题。于是户部给事中华昶上书弹劾主考官程敏政"卖题"。

朝廷为了平息舆论，把徐经和唐寅打入了大牢。最后，经过审理发现，那两份卷子的确是唐寅和徐经的，但两个人根本没有贿赂主考官，买题更是无稽之谈。所谓"科场舞弊案"纯属子虚乌有，但是，徐经和唐寅却永远失去了参加科举考试的资格。

《 卖画谋生桃花坞 》

唐寅出狱后返回吴县，妻子也离他而去。从那以后，他就开始遍游江南名山大川，以卖文鬻画为生。唐寅的诗就是他生活的真实写照："不炼金丹不坐禅，不为商贾不耕田。闲来写就丹青卖，不使人间造孽钱。"

唐寅选中了苏州城北的桃花坞，用卖画的钱在那里建了一处简朴的"别墅"，取名"桃花庵"。那里有个小小土坡、几间茅屋，一曲清溪蜿蜒流过，溪边几株野桃衰柳，环境幽雅，景色宜人。此时的唐寅，在桃花坞读书、作画，过得清闲而洒脱。

《 山水画技融南北 》

唐寅一生以卖画为生，他的山水、人物、花鸟都画得生动鲜活，别具特色，在"吴门画派"中享有盛誉。

唐寅的山水画，在南派山水的清峻和秀逸之中兼有北方画派的潇洒、雄浑之气。他的传世山水画有《落霞孤鹜图》《骑驴思归图》《两岸峰青图》和《山路松声图》等。

《落霞孤鹜图》

《落霞孤鹜图》是唐寅山水画的代表作。该画是绢本水墨，纵189.1厘米，横105.4厘米，现藏于上海博物馆。

画中的近景是高山峻岭，临江楼阁，几株茂密的垂柳掩映着水榭亭台，亭中有一位书生正独坐远眺，一个小童在身后相伴。

远处落霞孤鹜，烟波浩渺，景物十分辽阔。画上有作者的自题诗："画栋珠帘烟水中，落霞孤鹜渺无踪。千年想见王南海，曾借龙王一阵风。"

该画近景秀逸清俊，远景开阔雄浑，整幅画卷的境界沉静而儒雅，诗画相映，具有吴中文人画的独特气质。

《山路松声图》

唐寅的《山路松声图》也十分有名。该画是绢本，设色，纵194.5厘米，横102.8厘米，现收藏于台北故宫博物院。

《山路松声图》的上半部分是高高的山峰，层岩邃壑，飞瀑流泉，意境十分深远；中部苍松葱郁、虬枝浓密，掩映着整个画面；下部画的是一湾湖水，飞泉注入，清澈见底，让人心旷神怡。

该画以酣畅淋漓的笔墨描绘出了优美的山峰林木、飞瀑平湖，笔法古朴、设色清秀，画中的松树墨韵优雅，巧妙地点出了"松声"的意境。画面右上角的题诗更是别具一格："女儿山前野路横，松声偏解合泉声。试从静里闲倾耳，便觉冲然道气生。"

《王蜀宫妓图》

《王蜀宫妓图》是唐寅仕女画中的精品。该画绢本设色，纵124.7厘米，横63.6厘米，是典型的工笔重彩人物画。

画中的仕女体态匀称优美，削肩狭背，柳眉樱髻，既吸收了唐代画家张萱、周昉创造的"唐妆仕女"造型的优点，又表现出了明代追求清秀、娟雅的艺术风尚。

唐寅的花鸟画，无论工笔、写意都非常有韵味。传说，有一次唐寅把一幅《鸦阵图》挂在家中，竟然招来上千只乌鸦在屋顶盘旋，堪称奇绝。唐寅的传世花鸟画以《枯槎鸲鹆图》最具神韵。

《枯槎鸲鹆图》

唐寅的《枯槎鸲鹆图》构图奇特，用枯笔浓墨画成的树枝弯曲多姿，树干苍老挺拔；用积墨法画成的一只八哥栖于老树的枝头，正在引吭高鸣；两条藤萝、数笔野竹同枯树上的老叶，更增添了雨后空谷中恬静、清新的气息。

画的右上角是唐寅的题诗："山空寂静人声绝，栖鸟数声春雨馀。"山谷的寂寥、小鸟的神态、画家的情趣完全融为了一体，表现了画家超凡脱俗的思想意境，是传统花鸟画中的绝佳之作。

唐寅一生坎坷，生前蒙受奇冤，死后遭人误解。著名的闹剧《唐伯虎点秋香》就是对唐寅的曲解。以唐寅那一身傲骨，怎么可能为了得到一个小丫鬟去豪门当书童呢？

独步天下徐文长

明代画坛上名人辈出，明中期，主要是"吴门四家"——沈周、唐寅、文徵明和仇英。到了明代晚期，画坛上的代表人物，就要数徐渭了。

晚明时期的徐渭，诗、文、书、画样样精绝，与解缙、杨慎并称"明代三才子"。他是中国"泼墨大写意画派"的创始人，"青藤画派"的鼻祖。

徐渭的画吸取前人精华而又有所创新，不求形似求神似，开创一代画风，对后世画坛影响极大。

《 坎坷的身世 》

徐渭（1521年—1593年），字文长，自号天池山人，山阴（今浙江绍兴）人，因为他的绘画作品经常署青藤老人、青藤道人、青藤居士等别号，所以，后人常常称他为"青藤"。

徐渭生于浙江绍兴官宦世家，自小聪颖好学、天资超逸，十来岁就能写出很漂亮的文章了。但是，他也同文徵明一样，作不好"八股文"。从20多岁开始参加科举考试，前后考了8次，直到40岁才中举人。

嘉靖三十七年（1558年），徐渭进入抗倭名将胡宗宪的幕府，因献奇计在江浙沿海大破倭寇，深得胡宗宪的赏识。

徐文长

胡宗宪因为抗倭的事必须与奸相严嵩打交道，所以，徐渭也为他代笔写过吹捧严嵩的文章。嘉靖四十四年(1565年)，胡宗宪被污蔑为"严嵩逆党"被捕，在狱中自杀。徐渭心痛欲死，患上了严重的癫狂症，多次自杀未遂。后来，竟因在癫狂之中误杀妻子而被捕，出狱时已经53岁。万历二十一年（1593年），73岁的徐渭在贫病交加中去世，死时身边只有一只狗相伴，床上连席子都没有。

徐渭是真正的天才，"诗、文、书、画"样样精通，他自己曾经说过："吾书第一，诗二，文三，画四。"徐渭的书法在明代沉闷的书坛之中格外突出，他最擅长气势磅礴的狂草。徐渭擅画水墨花、竹、鱼介、山水、人物，因汲取历代名家之长，在当时无人能及，成就还在"吴门四家"之上。

《 泼墨写意明代第一 》

徐渭笔下的水墨写意画，被后人誉为"驱墨如云"。他以随意浸渗的墨晕，浓淡相宜的点染，生动地描绘出了各种花卉、果实不同的秉性和韵味。

在他追求的"似与不似之间"，为欣赏者展现出一个十分广阔的审美天地。在徐渭的笔下，牡丹之雍容、修竹之萧疏、紫薇之隽秀、秋菊之孤傲、寒梅之高洁都刻画得生动鲜活，极富神韵。

徐渭的《墨葡萄图》轴是他写意花鸟画的名作。该画是纸本，纵165.4厘米，横64.5厘米，现收藏于北京故宫博物院。

徐渭笔下的葡萄图，串串果实倒挂枝头，鲜嫩欲滴；茂盛的叶子都是用大块的水墨点成，不求形似，却极具神韵，充分表现了大写意花卉的艺术风格。

徐渭笔下的梧桐和芭蕉，也是泼墨适意，直冲画外。他还经常把浓密如珠的葡萄、虬如蟠龙的藤蔓画在一起，极具生动鲜活的气韵。

徐渭笔下的南瓜、菊花也都是一气呵成，笔墨的轻重、浓淡、疏密、干湿都画得恰到好处。其笔下的墨竹，竹枝气势劲健，竹叶垂俯含情；由于枝淡叶浓，竹叶虽处于竹枝之下仍然尽显高洁、清爽之气。徐渭画的泼墨牡丹最有意境，俗人眼中的富贵牡丹，在他的笔下展现的竟是一派清雅脱俗的神韵。

徐渭一生命途多舛，遭遇坎坷，晚年悲苦凄凉，形影相吊，他将自己的悲愤和怀才不遇之感融注于笔端，创造了一幅又一幅惊世骇俗的水墨名画。

徐渭最著名的传世作品有《墨葡萄图》轴、《山水人物花鸟》册、《牡丹蕉石图》轴等。

《 书中有画，画中有书 》

徐渭还是一位书法大家，最喜欢将自己的书法技巧和笔法融于绘画之中，让人感到他的泼墨写意画简直就是一幅水墨淋漓的苍劲书法。

明末书画评论家张岱在《陶庵梦忆》中称赞徐渭："昔人谓摩诘之诗，诗中有画，摩诘之画，画中有诗；余谓青藤之书，书中有画，青藤之画，画中有书。"

徐渭在名画《牡丹蕉石图》轴中把牡丹、芭蕉和太湖石画在了一起。画中的太湖石浓墨渲染、古朴天成；太湖石后面，两株芭蕉挺拔舒展、高出于太湖石之上，显得格外苍劲；太湖石侧，一丛泼墨牡丹枝繁叶茂，花朵盛开，虽然没有过分彰显国色天香的富贵气质，却展现出一种清雅脱俗的神韵。

徐渭汲取了宋元时期的名家及沈周、陈淳等人水墨花鸟画的长处，有力地推进了明清写意花鸟画的迅速发展，对明清及近现代的绘画发展有着深远的影响。

清代"扬州八怪"之一的郑板桥对徐渭非常钦敬，他曾刻有一印，自称"青藤门下走狗"。

近现代画坛名家对徐渭更是尊崇有加，著名画家吴昌硕先生在诗中曾称颂徐渭："青藤画中圣，书法逾鲁公。"意思是徐渭的绘画水平为"画中之圣"，书法水平也超过了颜真卿。

现代著名花鸟画大师齐白石老先生对徐渭更是推崇有加。他曾经说过："青藤、雪个、大涤子之画，能横涂纵抹，余心极服之，恨不生前三百年，为诸君磨墨理纸。"

在中国绘画史上，文人画虽然起源于两宋，兴盛于元朝，但是，直到徐渭才达到艺术的巅峰。可以说，正是徐渭奠定了文人写意画在中国画坛上的重要地位。

精瓷雅具称双绝

中国的收藏界，有两类古董最珍贵，一是精美的古代名瓷，一是典雅的古代家具。在这两类收藏中，最顶尖的名品都出在明代。

今天，在收藏界最受追捧的古代瓷器不是宋代"汝、钧、官、哥、定"五大窑口的名瓷，而是明代的斗彩鸡缸杯；最受追捧的古代家具也不是清代雍容华贵的紫檀红木，而是简约高雅的明代家具。

为什么会这样？因为只有明代瓷器才是中国古代瓷器中的翘楚，只有明代家具才达到了中国古典家具的巅峰。

青瓷斗彩精美绝伦

明朝建立时，当年著名的"汝、钧、官、哥、定"已成明日黄花。景德镇——这个两宋时期开始生产瓷器的山区小镇却后来者居上，在瓷器生产中独占鳌头，变成了中国的瓷都。

南宋景德年间，江南的小镇——昌南因为盛产精美的青白瓷器脱颖而出，成为当时最重要的瓷器生产基地。于是，昌南也改名字为——景德镇。

明朝建立以后，景德镇瓷窑取代了两宋时期的五大名窑，景德镇也成了全国著名的瓷都。英文中的"China"——"中国"，其实就是位于江西饶州的山区小镇"昌南"的音译。

瓷都景德镇

景德镇成为全国制瓷中心的重要原因是优越的自然环境。

景德镇四面环山，其境内及附近的婺源、祁门、都昌、余干等地盛产瓷土和瓷石，尤其境东的高岭，所产纯净黏土是制瓷的优质原料。浮梁县境内及附近地区的怀玉山脉，盛产的松柴是很好的燃料。

景德镇位于昌江东南，周围众多的河流也为这座瓷都提供了得天独厚的生产条件——许多瓷窑就建在昌江两岸，人们还在岸边建起了水碓，利用河水淘洗瓷土或对瓷土进行粉碎加工，为瓷器生产节省了大量人力和成本。

景德镇虽然四面环山，但是，交通十分便利。人们通过昌江和其他支流的航运，不仅可以很方便地把周围山区出产的高岭土、松柴运送到景德镇，还可以把烧制好的瓷器方便地运送到山外四通八达的水运码头上。

丰富的自然资源、成熟的技术条件，再加上国内、国外市场需求的刺激，这个南宋时期才开始大规模烧制瓷器的小镇很快就成为世界著名的瓷都。

《 明代瓷器特色 》

明代，景德镇生产的瓷器非常精美，在胎体制作、造型设计、釉面质量、纹饰图案等方面都采用了独到的工艺，其他地区的窑场，如磁州窑、耀州窑无法与之相比。

胎体：明代景德镇瓷器的胎体厚重、淳朴。例如永乐、宣德年间景德镇生产的瓷器，露胎处显示火石红色，如果迎光透视，胎体呈现肉红色。成化年间的瓷器，以洁白细润著称，如果迎光透视，可以显现如脂似乳的莹润光泽，后人始终无法仿制。

造型：明代景德镇生产的瓷器有瓶、盘、碗、盏、杯、洗、罐、砚等丰富多彩的器型，仅瓷瓶就可以细分为梅瓶、天球瓶、蒜头瓶、玉壶春瓶等不同的种类。这个时期生产的瓷器造型丰满、浑厚，线条圆润、柔和，给人以一种特殊的质朴、庄重之感。

釉面：明代景德镇瓷器的釉面肥厚莹润，釉质缜密，玻璃质感极强。在青花瓷器中，大多显青白色，也称为"亮青釉"，这种釉面始终呈现于整个明代的青花瓷制作之中。

纹饰：景德镇瓷器上的纹饰图案非常精美。官窑瓷器的图案纹饰精细秀美，具有元代遗风；民窑瓷器的纹饰生动可爱，更是别有洞天。传统绘画中的山水、人

明代景德镇瓷器

物、花鸟、虫鱼、动植物以及龙、凤、麒麟无不入画；以写意为主的自由、奔放、潇洒、脱俗的画风也渗透到了瓷器的图案纹饰之中，给明代景德镇的瓷器增添了无限的情趣。

款识：明代以前，景德镇烧制的瓷器大都不题款。如果有人拿着有元代题款的景德镇瓷器，肯定是假货。永乐年间，景德镇的工匠们才开始在瓷器上题款。官窑瓷器的题款，主要是篆书和楷书；民窑瓷器的题款比较随意，行书、草书、隶书、篆书都有。

《 明代瓷器赏析 》

明代景德镇的瓷器精美绝伦、品种繁多。有青花瓷、釉下彩、釉上彩、斗彩、五彩及单色釉、杂色釉等多种工艺，融汇了中国陶瓷工匠们几千年来的制瓷工艺。

釉上彩瓷器

釉上彩工艺最初源于宋代，地处北方的磁州窑最先开始用毛笔蘸上彩料，在已经烧成的瓷器釉面上描绘简单的花纹，然后，再放到炉中进行二次烧制。由于这种工艺是在已经烧过一火的釉面上绘画，因此被称为釉上彩。

明代，景德镇的工匠们对这种作画方法和色料的配方作了重大改进，烧制出来的瓷器色彩非常艳丽，形成了日益成熟的釉上彩烧造工艺。

青花釉里红

釉下彩工艺也是宋代出现的。所谓釉下彩其实就是用彩色颜料在瓷器的坯体上直接进行彩绘，然后，再罩上一层透明釉，入窑以后，这些彩色绘画与瓷器一次性烧成。

明代景德镇最著名的釉下彩瓷器，就是景德镇出产的青花釉里红。

明代早期，青花瓷器色泽浓艳凝重，是青花瓷的鼎盛时期；中期开始转为浅淡秀雅，以成化年间的瓷器为代表；晚期趋于鲜艳并且蓝中带紫，以嘉靖年间的瓷器为代表；明末又改浓艳为淡雅。总之，明朝不同时期的青花瓷器各有千秋，但是以永乐、宣德年间的青花瓷为最佳。

明代的青花釉里红是青花瓷中最重要的品种，青花瓷以金属钴为着色剂，罩透明釉高温烧成，呈美丽的蓝色。釉里红以金属铜为着色剂，也是罩透明釉高温烧成。明代，高手工匠将"青花"和"釉里红"两种装饰方法同时用在同一件瓷器上，就烧制成了著名的青花釉里红瓷器。

由于青花瓷的着色剂是钴，釉里红的着色剂是铜，所以把两种色釉用在同一件瓷器上，用同一温度烧制，使红、蓝的呈色都恰到好处非常不容易，这也是青花釉里红非常名贵的原因。

五彩瓷器

五彩瓷器采用的是一种釉下青花与釉上彩料相结合的装饰方法，色调以玻璃质的红、黄、绿、蓝、紫五色彩料为主，把花纹图案画在已经烧过一火的瓷器釉面上，然后再入炉，经过700℃～800℃的二次高温烧制而成。

明代人自己评价本朝的瓷器："宣(宣德)窑以青花胜，成(成化)窑用色浅淡，颇成画意，故宣不及成。"可见，宣德年间烧制的青花瓷虽然好，但是仍然比不上成化年间烧制的五彩瓷器。成化年间的五彩瓷器才算达到了明代瓷器的最高艺术境界。

明代斗彩瓷器

瓷器制作中的釉上彩和釉下彩工艺都是在宋代开始出现、明代达到鼎盛的。而"斗彩"工艺却是明宣德年间的独创。因为这种瓷器是釉下彩与釉上彩两种釉色在同一个瓷器上"比美"，所以被人们称为"斗彩"。

斗彩瓷器虽创始于宣德年间，但是，以成化斗彩最负盛名。成化斗彩以绚丽多彩的色调、生动鲜活的画面，创造出了我国制瓷史上空前绝后的顶级作品。

成化斗彩瓷器不仅彩色品种多，而且能够根据画面的内容调和各种釉色。例如，在成化斗彩鸡缸杯上，鸡冠的红色几乎与真的鸡冠完全一致，而葡萄的紫色几乎就是生活中葡萄紫的再现。

因为斗彩瓷器的制作工艺相当复杂，所以产量非常少，非常罕见。在目前中国古董瓷器中，明代的斗彩瓷器最名贵。举世闻名的成化斗彩鸡缸杯在当时就是皇家最珍爱的宝物。

明代单色釉瓷器

明代瓷器除了青花、五彩和斗彩之外，单色釉和杂色釉瓷器也同样在中国陶瓷史上大放异彩。其中，永乐年间和宣德年间烧制的红釉、蓝釉，成化年间烧制的孔雀绿，弘治年间烧制的黄釉都相当珍贵。

永乐、宣德年间烧制的红釉是一种以铜为着色剂的高温釉瓷器，这种瓷器通体红润，非常精美，被收藏家们称为"宝石红"或"霁红"，是一种极为罕见的瓷器，直到今天仍然不能仿制。

永乐、宣德时期烧制的蓝釉瓷器也极为出色，尤其是宣德年间的蓝釉，犹如蓝宝石，因此被后人称为"宝石蓝"或"霁蓝"。以后虽有烧制，但是，始终没能达到永乐、宣德时的烧制水平。

明代宝石蓝瓷器

古代名瓷的巅峰

明代瓷器造型优美、风格清逸、釉色莹润、纹饰高雅，继两宋之后，再一次达到了中国陶瓷业发展的巅峰。

在明代景德镇生产的所有瓷器中，以"成化斗彩鸡缸杯"最为珍贵。鸡缸杯是酒杯，形状似缸形，以子母鸡群为主要图案，同时还画有洞石花卉。在淡雅的青花轮廓线的衬托下，釉上彩中的红、黄、绿、紫釉色更显得浓烈鲜艳，十分可爱。

"成化斗彩鸡缸杯"在明代已经十分珍贵，清代人撰写的《唐氏肆考》里是这样记载的："神宗庙器，御前有成杯一双，值钱十万，明末已贵重如此。"这对御前"成杯"，就是著名的成化斗彩鸡缸杯。

2014年，在香港苏富比春季拍卖会上，一只成化斗彩鸡缸杯以1.6亿港元起拍，最终以2.8亿港元成交，再一次刷新了中国瓷器拍卖的世界纪录，成为全世界最昂贵的中国古代瓷器。

成化斗彩鸡缸杯

令人遗憾的是，明代青花釉里红、宝石蓝、宝石红和斗彩鸡缸杯的烧造工艺都已经失传了。即使在科学技术发达的今天，即使是景德镇世代承继的高手工匠，也始终没能再现当年的烧制工艺。

明代家具端庄秀雅

从古代流传下来的绘画中可以看到，唐代家具确实透着大唐帝国的风韵，具有"造型浑圆、雍容华贵"的特色，但是，缺乏明代家具质朴、清丽的书卷气。

宋代家具虽然在文人雅士的影响下，脱去了唐代家具的奢靡之态，明代家具端庄秀丽、高雅质朴，在古典家具中一枝独秀，达到了中式家具设计与制作的巅峰，直到今天仍然深受收藏家的青睐。唐宋以前的家具远不能与之相比，即使尊贵奢华的清代家具也缺少明代家具充满了书卷气的高雅韵味。

显示出质朴、高雅的韵味，然而，缺少明代家具的雄浑凝重。

清代的家具奢华过之，质朴不足，缺少明代家具简洁、高雅的书卷气。因此，直到今天，在颇具文化修养的家具收藏家们眼中，明代家具仍然以端庄秀丽、高雅朴实的韵味独占鳌头。

明代的家具种类非常丰富。框架类家具主要有书架、物架、博古架和屏风。明代的博古架，不仅造型精美，典雅清秀，是极美的摆设，还具有重要的实用功能——摆放古董。椅凳样式如扶手椅和圈椅以简洁、秀雅著称，是后世无法相比的。床榻类有架子床、罗汉床和美人榻等，其中，以罗汉床造型最为古朴，充分彰显了明代家具的凝重、端庄之美。明代的几案样式繁多，数不胜数，其中以八仙桌最为普遍，以月牙桌最为婉丽，以琴几、棋几最显清新典雅的书卷气。

《 深厚的人文底蕴 》

明代家具"端庄秀丽、高雅质朴"的神韵，主要来自两宋时期文人学者的影响和明代学者全新的审美观念。

从宋代人的书法和绘画中可以感受到文人潇洒、飘逸的生活情趣；而宋瓷的精美、素雅是宋代文人高雅意境的体现；宋元以后木器家具质朴、明快的特色，同样来自宋代文人清逸、简洁的审美观念。

明代家具"端庄秀丽、高雅质朴"的书卷气不仅受两宋文人的影响，明代文人的参与，更为明代家具确立了高雅的风韵。

明代罗汉床

明代的文人反对繁纹缛饰，以古朴简洁为雅，追求自然天成。他们撰写了大量以"古雅"为审美标准的文章，详细描写了家具的制作、家具的风格和艺术特色，这是以往任何一个朝代都没有过的。

在明代，文化名人对家具制作的影响超过了历史上任何一个时期。宋代的文人雅士只是间接地以他们高雅的书卷气质影响了家具的制作，而明代文人雅士的审美观念则直接推动了家具艺术风格的形成，因为他们主动融入了家具制作的工艺过程之中。

明万历年间，王圻、王思义撰写的《三才图会》，屠隆撰写的《考盘余事》和高濂的《遵生八笺》都对室内陈设和家具的审美进行了详细的描述。在这些书籍中，文人雅士的精神追求对家具高雅风格的形成产生了重要影响。可以说，在明朝，家具不仅被文学化，也被艺术化了。

皇帝的独特爱好

在明初，文人雅士对家具制作开始产生影响。到了中期，潜藏在家具中的艺术魅力又反过来对文人雅士产生了影响，甚至对深宫中的皇帝都产生了很强的吸引力。

明熹宗朱由校就非常喜欢制作木器家具。朱由校虽然不是个好皇帝，但却是一位高手匠人！据文献记载，无论木器家具还是亭台楼阁，只要这位皇帝看过一眼，都能照原样制作出来。

"上有所好，下必甚焉。"连皇帝都对木器家具中蕴藏的艺术魅力如此着迷，并如此沉迷于家具的制作，明代的家具工艺不达巅峰都难啊！

《 独特的艺术韵味 》

受宋、明两代文人雅士的影响，明代家具呈现出了前所未有的独特艺术韵味。人们经常用"古、雅、丽、凝"四个字形容明代家具那种"淳朴、典雅、柔婉、凝重"的艺术风格。

古 明代家具崇尚先人的淳朴之风，注重材料自身之美。由于文人素雅的审美观的影响，明代家具很少有繁缛的装饰，重点突出木材的自然本色和自然纹理，充分展示木材本身特有的自然之美。

雅 明代家具的整体造型把简练、劲挺与典雅、浑圆融为了一体，显示出浓厚的书卷气，具有极高的艺术品位。

明代桌椅

丽 明代家具清新秀美，不过分追求奢华，虽不以繁缛的花饰取胜，但是家具上也雕刻有精美的山水、人物、花鸟、云龙等纹饰，虽然雕刻的面积不大，却呈现出精致的画龙点睛之美。

凝 明代家具具有独特的端庄、凝重之美。工艺考究、结构严谨，各部件之间的榫卯结构造就了浑圆、凝重的艺术特色。

《 明代家具的用料 》

许多人认为明代家具都是用珍贵木材制作的，事实并非如此。明代家具使用的木材十分广泛，楠、榉、松、杉、柞、杨、榆、柳……都是常用木材。使用贵重木材制作的家具不一定就是明代家具，普通木材制作的家具，也可能是真的明代家具。

为什么许多人误以为明代家具都是红木家具呢？有两个重要原因：第一，明代郑和七下西洋，从盛产高档木材的南洋运回了大量的花梨、鸡翅木、红酸枝、紫檀等珍贵木料；第二，珍贵木料制作的家具使用寿命长，至今保存完好的明代家具大都是用红酸枝、黄花梨、紫檀、鸡翅木等珍贵木料制作的。

由于明代家具淳朴、凝重，注重自然美，因此，红酸枝、黄花梨、紫檀、鸡翅木等色调和纹理都非常突出的硬木就成了高档家具使用的材料。

黄花梨

黄花梨是明代家具的首选用材，它有着浓浓的书卷气，最

黄花梨树

黄花梨家具

符合文人雅士所追求的安详、舒适的感觉。

明代人对黄花梨的偏好还有一个原因：明朝统治者是从江南入主中原的，那里气候潮湿，房子通常很大，通透性很强，所以家具也是为这样的生活环境设计的。普通的竹子和榉木，已经很难满足他们追求高贵典雅气质的要求，而黄花梨经烫蜡之后呈现出令人喜爱的暗橙黄色，显得光润又高雅，还有美丽的花纹和淡淡清香，很快就成为人们追捧的对象。

黄花梨的产地在海南，不像紫檀、红木要从印度、菲律宾、缅甸进口。黄花梨还有很好的特性：加工性能良好，不论开多大的榫，都不开裂变形，所以很快就成了明代家具用材的首选。

紫檀

明代宫廷用的紫檀起初也在我国南方采办，后来因为木料不足，就派人定期赴南洋采办。

紫檀木的色彩呈犀牛角色，暴露在空气中时间一长就变成了紫黑色。紫檀木鬃眼细密、木质坚重，纹理纤细、色调深沉，既庄重又美观，最为明代人所推崇。明代人用紫檀制作家具时大多利用木材的自然特点，不加雕饰，唯恐雕花过多，掩盖了木质本身的纹理与色彩。

红酸枝

红酸枝是热带生长的常绿大乔木，主要分布在东南亚、印度和南美等地。一般要生长500年以上才能使用，所以，北方人称这种木材为"老红木"。

红酸枝木质坚硬细腻，可沉于水中，新切的断面有酸枝木特有的酸香气，所以，两广地区的人称之为红酸枝。

红酸枝木质的颜色为枣红色，接近小叶紫檀。这种木料的纹理在深红色中夹带有深褐色或黑色的条纹，制成家具给人以古色古香的感觉，因此，到了清代中晚期，小叶紫檀进口不足的时候，就用红酸枝代替了。

鸡翅木

鸡翅木还有另外两个别名：红豆木，也叫相思木。鸡翅木在明清两代都是特别珍贵的木材，很难得到。

鸡翅木经过打磨抛光之后，既有行云流水般的纹理，又有细腻光泽的表面，淡雅清新，极具美感。

鸡翅木凳子

在明清两代，鸡翅木专门用来制作精致典雅的宫廷家具，据清朝人记载，在修建圆明园时，鸡翅木比紫檀、黄花梨还要珍贵得多。清代以后，人们发现鸡翅木在热带雨林中产量很大，售价并不太高，于是，鸡翅木家具的售价才降了下来。

郑成功收复台湾
御外侮功勋卓著
明英烈流芳千古
精瓷雅具称名士
书画双绝真名士
落日余晖映山河
科学精神永不朽
永乐大典耀史册
大舰队远航西洋
重隆北京镇辉煌

明 流芳千古 英烈

　　明朝历经十三世、十六位皇帝、十七朝，是中国历史上最后一个由汉族人建立的封建王朝。明朝的文治武功都达到封建王朝的顶峰，以至连清朝的康熙皇帝都羡慕地称赞它"治隆唐宋"。

　　明朝末年，几位皇帝的骨头都非常硬，崇祯帝朱由检、隆武帝朱聿键、永历帝朱由榔死得都很有骨气。崇祯帝朱由检继位后大力铲除阉党，勤于政事，生活节俭，是位年轻有为的皇帝。那么，明朝怎么会灭亡了呢？

两面作战陷困境

研究历史的人都知道，明朝灭亡的原因有三个：一是明末农民大起义，二是官场腐败，三是八旗军的入关。

《 明末农民大起义 》

燕王朱棣当上皇帝不久，就把都城从南京迁到了北京。在他的精心治理下，明朝很快就进入了政治、经济和军事全面发展的辉煌时期。明中叶，海禁解除，规模空前的海外贸易进一步加速了商品经济的发展，资本主义萌芽很快就破土而出了。

资本主义萌芽的出现，侵犯了农民的切身利益，使农民失去土地，变成了无产者。商品经济的发展，导致官方的赋税从征收实物变成了征收白银，更加重了贫苦农民的负担。另外，明末许多省份水旱蝗灾频繁，更是雪上加霜，因此导致了大规模的农民起义。

《 后金八旗反大明 》

就在农民起义达到高潮的同时，世居东北的建州女真部经过长期的休养生息强大起来，1616年，努尔哈赤在赫图阿拉建国称汗，国号金，史称后金。

后金建立不久，就以一支人数不多，但是极为强悍的部队——八旗军向明朝发动了猛烈的进攻。

在大规模农民起义和八旗军的两面夹击之下，昔日强大的明朝终于陷入了"风雨飘摇"的境地。

在明朝末年抗清保明的血雨腥风中涌现出了许多名垂青史的英雄人物。

屡挫强敌的书生袁崇焕、血洒疆场的儒将卢象昇、巾帼女杰秦良玉和誓死抗清的李定国……他们虽然没能挽救明朝的危局，但是，却以自己的英雄形象谱写了壮丽的人生。

袁崇焕勇挫强敌

袁崇焕是明朝末年抗清名将。他在危难之际力挽狂澜，在自己蒙受不白之冤的情况下，仍然不顾个人安危，勇挫强敌，为后人树立了可歌可泣的英雄形象。

袁崇焕

北京城的龙潭湖公园有美丽的湖光水色和亭台楼阁，抗清名将袁崇焕的祠堂就坐落在这里。

袁崇焕（1584年—1630年），字元素，广西藤县人。他是万历四十七年（1618年）的进士，也是一个真正的书生。

后金崛起辽东之后，明朝的军队丧师失地，战场形势极为不利。天启二年（1622年），书生袁崇焕因为"好谈兵"，被提拔为兵部主事，开始在军事上崭露头角。

《 建立宁锦防线 》

天启二年，明军与八旗军在广宁大战，3万明军全军覆没，形势十分严峻。

袁崇焕不顾个人的安危，单骑出关，前往辽东巡察。据《明史·袁崇焕传》记载，当时，不仅兵部官员不知道袁主事去了哪里，连袁家人也不知道袁崇焕的去

宁远古城

向，都十分惊恐。

袁崇焕从辽东回到京师后，向朝廷详细奏报了辽东的严峻局势，并且表示："只要给我足够的军马钱粮，一定能守住辽东。"

朝廷正值用人之际，因此，袁崇焕被破格提拔为"宁前兵备佥事"，前往关外监军。

袁崇焕到达辽东后，在大学士孙承宗的支持下，修筑了宁远、锦州、松山三座城池，整顿了驻守的军兵，建立了坚固的宁（远）锦（州）防线。

《 英勇督师辽东 》

天启五年（1625年），大学士孙承宗被罢官。接替孙承宗的明军统帅早就被八旗军吓破了胆，上任后立即下令放弃宁（远）锦（州）防线，退回山海关。

袁崇焕虽是一介书生，却性情刚直。面对新任顶头上司的决定，他

宁远城头的大炮

大义凛然地回应道："我官居宁前道，死也死在宁远，决不退兵！"就这样，大部分明军撤回了关内，只有袁崇焕仍然坚守着宁远这座孤城。

第二年正月，努尔哈赤率后金八旗军大举进犯。袁崇焕实行坚壁清野，焚毁了宁远城外的全部民居，并架设起西洋巨炮，严阵以待。

努尔哈赤率军到达宁远，开始攻城。战斗异常激烈，城上矢石如雨，八旗军损失惨重仍然猛攻不退。

于是，袁崇焕命令手下连发西洋巨炮，八旗军血肉横飞，努尔哈赤也被巨炮炸伤，不久伤重身死。八旗军不得不退回了奉天。

这就是历史上著名的"宁远大捷"。

《 身受千古奇冤 》

1628年，崇祯皇帝即位，处死了奸贼魏忠贤，严惩了阉党，并平反了大量冤狱。袁崇焕被任命为兵部尚书兼右副都御史，督师蓟辽并统领辽东、河北和山东等地的全部军务。

后金大汗皇太极面对坚固的宁锦防线，只得采取避实击虚的办法。崇祯二年(1629年)十月，皇太极率军绕过袁崇焕的防区，从喜峰口攻入长城，攻陷了遵化。

袁崇焕率兵回援，并准备截断八旗军的归路，然后全歼之。他先在

蓟州与敌军遭遇，八旗军不敢交战，绕过蓟州，直逼北京。袁崇焕率兵急追，在广渠门外终于追上了十万大军。两军激战，八旗军被迫后退。

袁崇焕终因兵力太少，没有执行崇祯皇帝追击敌军的命令，而是驻守城外，等待勤王兵到。皇太极强攻不能取胜，便施用反间计——散布袁崇焕和自己有密约的谣言。崇祯皇帝生性多疑，果然中计，逮捕了袁崇焕。

袁崇焕的部下得知主帅被捕，军心发生动摇，北京城危在旦夕。

袁崇焕以一片赤诚之心，在狱中给手下总兵祖大寿去信，让他以国事为重，召回将士保卫京师。这时，各路援军也纷纷抵达。皇太极见大势已去，只得率军退回关外。

北京城解围后，不明真相的崇祯皇帝以"谋反"的罪名处死了袁崇焕，铸成千古奇冤！

卢象昇血洒疆场

袁崇焕被害，抵御八旗军的重担就落在了著名的儒将——卢象昇的肩上。卢象昇虽然洒下了满腔热血，却仍然没能挽救明朝的危亡。

《 投笔从戎 》

卢象昇（1600年—1638年），字建斗，常州宜兴（今江苏无锡）人。他出仕为官的时候，内地流民揭竿而起，关外八旗军攻城略地，明朝的大好河山已经危如累卵了。

卢象昇是继袁崇焕之后，明军最重要的军事将领。他率领明军多次打败李自成、张献忠的农民起义军，并重创过八旗军，为明朝立下了赫赫战功，最后在抗清前线英勇殉国。

卢象昇也是书生出身，是一位真正的儒将。崇祯二年（1629年），皇太极率八旗军入侵北京，用反间计陷害袁崇焕时，身为大名府知府的卢象昇投笔从戎，率兵勤王，与秦良玉共同大败八旗军，解了京师之围。

袁崇焕被害后，卢象昇被任命为右副都御史，先后掌管河北、河南、湖广、四川等地的军务。后来因军功升任兵部侍郎，成为抵抗八旗军的重要将领。

卢象昇

《 临危受命 》

崇祯十一年(1638年)，崇祯帝召卢象昇入朝商讨大计，卢象昇坚决主战。崇祯皇帝很看重卢象昇，命他与首辅大臣杨嗣昌、监军高起潜共同商议御敌之策。

这次朝议没有什么结果，反而削弱了卢象昇的军权，调动军队的大权落到了监军——大太监高起潜的手中。卢象昇能够直接指挥的明军只剩下了自己手下的两万人马。

经过与八旗军的多次血战，卢象昇手下的两万人马大部分战死，最后，仅剩下区区5000官兵。嫉贤妒能的太监高起潜为了置卢象昇于死地，竟然断绝了卢象昇部的给养。

《 血洒疆场 》

崇祯十一年腊月，卢象昇和他率领的数千人马在河北巨鹿陷入八旗军的重重包围之中。

卢象昇的部队训练有素、作战勇猛，八旗军也同样战斗力很强，双方打得极为惨烈。

当时，如果外围的高起潜及时出兵相救，明军就可以打一个大胜仗。但是，这个手握重兵的大太监却故意按兵不动。

卢象昇率部激战数日，力竭阵亡，把鲜血洒在了抗敌前线。卢象昇战死巨鹿后，崇祯皇帝身边再没有人能率军抵抗八旗军了。

卢象昇血战疆场

秦良玉巾帼女杰

崇祯十七年（1644年），李自成率军从昌平攻入北京，崇祯皇帝在景山自缢。这时候，有一位远离京师的女英雄，正在雪山脚下用忧郁的目光注视着遥远的京城——她就是明末杰出的女军事家、女英雄、抗清名将秦良玉。

秦良玉（1574年—1648年），字贞素，四川忠州（今重庆忠县）人，是一位苗族姑娘。在中华五千年文明史上，尽管名传后世的女英雄很多，但是，修史时都被记载到列女传里，而秦良玉是历史上唯一一位作为名将被单独立传记载到正史将相列传里的巾帼英雄。

《 文武全才 》

秦良玉的父亲秦葵是苗族人，是一位饱读诗书、见多识广的名士。

秦良玉从小就在父亲的督促下读书习武、精研阵法。秦葵曾感慨地对秦良玉说："可惜你不是男儿，你的兄长和弟弟都不及你啊！"

秦良玉回答说："如果儿掌兵权，夫人城、娘子军不足道也。"后来的事实证明，这并不是一个小女孩在说大话。

秦良玉成人后，嫁给了石柱土司马千乘。这位马土司可不同寻常，是汉朝伏波将军马援的后人。马千乘与秦良玉伉俪情深，经常在一起习武谈兵，真正是一对神仙眷侣。

《 浴血抗清 》

万历四十一年（1613年），秦良玉的丈夫马千乘被阉宦陷害，死于大狱

秦良玉

之中，秦良玉接替丈夫担任了石柱土司。

天启元年(1621年)三月，八旗军兵围沈阳。秦良玉不计前嫌，派秦氏兄弟率"白杆兵"渡过浑河，与八旗军激战。

由于众寡悬殊，哥哥秦邦屏战死阵中，弟弟秦民屏浴血突围。这一战，虽然2000余白杆兵战死沙场，但八旗军死伤竟达数千人。

秦良玉得知兄长牺牲的消息后，亲自率领3000精兵北上。激战中，她的独子马祥麟一目中箭，这位小将军拔下箭矢，继续奋勇杀敌。八旗军大惊之下仓皇败退。从此，马祥麟被誉为军中"赵子龙"。

浑河之战，让"白杆兵"名震天下。天启皇帝封秦良玉为诰命夫人，并御赐"忠义可嘉"匾额。从那以后，八旗军只要听说是秦良玉率领的"白杆兵"杀到，无不胆战心惊。

《 救援京师 》

崇祯三年(1630年)，皇太极率八旗军主力避开袁崇焕的驻地，进抵北京城外，皇帝向各地发出了入京勤王的诏令。

秦良玉得到勤王诏书，立即率"白杆兵"星夜兼程，从川西赶到北京。今北京宣武门外的四川营胡同，就是当年秦良玉率军北上勤王的屯兵之处。

袁崇焕下狱后，北京的形势更加危急。前来勤王的明军虽然多达20万人，但是都畏惧八旗军，没人敢带头出战。秦良玉到京城后，立即一马当先率军杀上了战场。

八旗军对秦良玉的"白杆兵"非常恐惧。在孙承宗和卢象昇的配合之下，秦良玉率领的"白杆兵"大败八旗军，皇太极只得退回了关外。

北京之围解后，崇祯皇帝万分感慨，特意召见秦良玉，不仅赏赐彩币羊酒，而且赋诗四首表彰她的功绩。崇祯皇帝在位期间，国家多难，很少有闲情逸致吟诗作赋，称颂秦良玉的这四首诗是崇祯帝皇罕有的佳作。

秦良玉确实称得上是巾帼英雄！

南明栋梁李定国

李定国原是张献忠大西军的将领，并被张献忠收为义子。在明朝危亡之际，李定国挺身而出，率军两蹶"名王"，占广西、进湖南、下广东，为南明抵抗清廷立下了赫赫战功。

李定国(1621年—1662年)，字宁宇，陕西榆林人。李定国10岁就参加了张献忠领导的农民起义军，并成为大西军的重要将领。后来，他担任南明永历王朝的军事统帅，是著名的抗清英雄。

两蹶"名王"建奇功

南明隆武二年(1646年)，清军攻入四川，大西军首领张献忠战死。孙可望、李定国、刘文秀率领残部退到贵州。

南明永历三年(1649年)，清军再度发动进攻，西南边陲岌岌可危，深明大义的李定国提出了"联明抗清"的主张。

孙可望眼看局势日益恶化，为了挽回颓势，决定听从李定国的建议：联合南明，共同抗清。

孔有德兵败自杀

南明永历六年(1652年)，孙可望下令李定国率8万人马东攻湘桂，刘文秀率6万人马进军四川。李定国挥军入湘，首先与清兵展开激战。

李定国率军收复了湖南多个州县，接着，又利用清定南王孔有德的

骄横轻敌，出奇兵进入了广西。

这年农历五月，李定国在广西大败清军，占据武冈，攻克宝庆，势如破竹。孔有德大惊，亲率清军前往兴安县的严关镇，企图凭险扼守，但被李定国打得大败，清兵浮尸遍布江面，顺流而下，孔有德狼狈逃回了桂林。

农历六月，李定国率领明军追到桂林，将城池围得水泄不通，然后，亲自指挥攻城。七月初四中午，李定国率军攻破桂林武胜门，清军大部作鸟兽散，定南王孔有德在王府自杀身亡。

李定国攻克桂林后，稍事整顿又挥师攻打梧州，梧州守将不敢迎战，逃入了广东。广东清军也惊恐万状，与广西相邻的各州县官员纷纷弃城逃往肇庆。

就在此时，奉命南下救援湖南的清敬谨亲王尼堪率八旗精兵逼近湘潭，孙可望火速调李定国返回湖南迎战尼堪。

斩尼堪声威大震

南明永历六年(1652年)十月，李定国率部进抵湖南重镇衡阳，十一月十九尼堪也率兵到达湘潭。稍事休整后，向衡阳进发，次日进至距离衡阳30余里(约15千米)处。

李定国定下骄兵之计，先派部将佯攻，然后，又下令后撤。尼堪求胜心切，认定李定国大军不堪一击，率军兼程追袭，次日天色未明追到衡阳，与李定国大军相遇。

李定国早已伏下重兵，见尼堪轻敌冒进，下令前线将士佯装不敌，主动向后撤退。尼堪又"乘胜"追击了20多里（约10千米），陷入了李定国大军的重围之中。

李定国见尼堪中计，一声令下，伏兵四起，杀声震天；清兵仓皇失措，遭到重创，全军溃散，主帅尼堪在混战之中被李定国的部将杀死。

李定国转战广东

将士割下尼堪的首级向李定国献功，全军欢声雷动。

从七月李定国率军攻克桂林、孔有德自杀，到十一月李定国设伏衡阳、斩杀尼堪，前后仅4个月。李定国大败清兵，两蹶"名王"，英名威震天下。

《 身遭嫉恨 》

正当李定国在广西、湖南连折大清两位王爷，收复千里失地之际，手握重兵的孙可望却妒火中烧，决心除掉李定国。

孙可望连续给李定国写了7封书信，催促李定国到靖州相会。刘文秀的儿子得到消息，立即给李定国送去密信，并叮嘱他"切勿赴会，否则枉送了性命"。

李定国接到密信，只得率军撤回广西，复兴的大好局面顿成昙花一现。此后李定国先后两次联络郑成功东西夹击，夺取广东，都因为郑成功的水师没能按时出兵而功亏一篑。

不久，孙可望发动叛乱，投降了清廷。由于孙可望把云贵地区的军事部署出卖给了清廷，顺治十五年（1658年），清军分三路攻入云贵，南明军大败，再次陷入了困境。

《 尽忠报国 》

顺治十六年二月，清军渡过怒江，逼近腾越州（今云南腾冲），这里已经是南明的西南边境。李定国估计清军多次获胜之后必然骄兵轻进，决定在怒江以西20里（10千米）的磨盘山（今腾冲、龙陵间）设伏，痛击清军。

清军的前锋刚刚进入李定国设下的伏击圈，南明光禄寺少卿卢桂生叛变，把李定国设伏的机密报告了吴三桂。

吴三桂大惊失色，立刻下令全军火速后撤，并布置搜杀伏兵。

李定国的伏兵迫不得已提前鸣炮出战，冲入敌军。双方展开了一场惊心动魄的恶战，吴三桂率领的清军受到重创，多名将领被击毙，南明军也损失很大，李定国手下大将窦名望力战殉国。

磨盘山战役是李定国统率南明军对清军进行的最后一次打击。

磨盘山古战场

【 永历帝蒙难 】

磨盘山战役后，李定国率领明军到达了云南边境西双版纳地区。永历皇帝朱由榔逃往缅甸，双方失去了联系。

清顺治十八年（1661年），吴三桂攻入缅甸，缅王献出了朱由榔父子。康熙元年（1662年）四月二十五，永历皇帝朱由榔殉国。噩耗传来，李定国捶胸大哭，他深知拥明抗清的旗帜已倒，自己再也无回天之力了。不久，这位赤胆忠心、抵御外族的英雄病逝于云南。

李定国虽然去世了，但是他的部下数千人仍然聚于缅甸阿瓦城河东，誓死不降清廷，后人称之为"桂家"。

永历帝殉国处

御功勋卓著外辱

　　清康熙皇帝在南京的明孝陵亲笔题写了端庄凝重的"治隆唐宋"四个大字。在这位皇帝的心中，明朝的千秋功业已经远远超过了唐和两宋。

　　明朝没有与番邦实行和亲政策，没有给外族缴纳金银丝帛，没有迁都躲避过国难，没有出卖过一寸疆土，更没有向外来侵略者屈服过。

　　明朝在军事上战绩辉煌，明朝的军队先后在海上、陆上把日本侵略者打得一败涂地；即使在王朝的末期，仍然收复了宝岛台湾。确实没有愧对"治隆唐宋"这个评价，汉唐两宋都无法望其项背。

　　在明朝抵御外辱的众多英雄之中，民族英雄戚继光、抗倭名将俞大猷和水师总兵陈璘功勋最为卓著。

戚继光志平海波

戚继光是明代抗倭名将、伟大的军事家和民族英雄。他率领戚家军多次打败入侵我国东南沿海的倭寇，被称为"戚虎"。他在一首诗中表达了自己强烈的爱国志向："封侯非我意，但愿海波平。"

戚继光

戚继光（1528年—1587年），字元敬，号南塘，山东登州（今蓬莱）人。明中期抗倭名将，伟大的军事家、民族英雄。

戚继光出身将门。他的六世祖当年追随朱元璋推翻元朝统治时战死沙场。所以，戚继光得以世袭山东登州卫指挥佥事。

戚继光文武全才、志向远大，认为世袭的官职没什么意思，决心靠自己的能力成就一番事业。他在22岁那年以普通人的身份参加了山东乡试，并考中武举。第二年秋天，赴北京参加会试。

《 崭露头角 》

戚继光在北京遇上了一件大事，蒙古鞑靼首领俺答率大队人马从古北口突破长城，一路烧杀抢掠，直逼北京城下。这年是庚戌年，因此，历史上称为"庚戌之变"。

因为鞑靼骑兵来得太突然，朝廷只好仓促地从民间召集义军抗敌，到京城参加会试的武举们，也派上了用场。戚继光被任命为督防九门的总旗牌官，并表现出了勇于进取的精神和军事才干。

嘉靖三十二年（1553年），戚继光被擢升为山东都指挥佥事，统辖三营二十五卫所的将士，扼守海防，防备倭寇。

《 组建戚家军 》

嘉靖三十五年（1556年），倭寇在首领"五峰船主"汪直的带领下大规模进犯浙江沿海。朝廷任命胡宗宪为浙闽总督并主持抗倭。这年，28岁的戚继光也从山东调往浙江抗倭前线。

戚继光到浙江后，发现卫所的士兵缺乏训练，战斗力很差。在一个偶然的机会，他目睹了义乌矿工上万人打架的激烈场面，惊呼："如有此一旅，可抵三军。"于是，戚继光征得朝廷许可，在义乌招募了4000多名彪悍的矿工，对他们进行了严格的军事训练后，组成了著名的"戚家军"。

《 岑港歼倭寇 》

嘉靖三十六年（1557年），胡宗宪用诱捕计斩杀了五峰船主汪直，汪直部下的倭寇和党羽3000余人盘踞岑港（今浙江舟山），声称为汪直报仇。

胡宗宪调戚继光、俞大猷水陆并进，攻打岑港。战斗打响后，倭寇居高临下，据险死守，明军久攻不克。五月间，大批倭寇从海上进犯台州、温州等地，戚继光率部星夜兼程前往救援。在知府谭纶的配合下，戚继光在台州和温州重创倭寇，残敌只得向海上逃窜。

因为岑港久攻不下，胡宗宪遭到朝中大臣的弹劾，在前线浴血奋战的戚继光和俞大猷成了替罪羊。朝廷不问青红皂白，下诏将俞大猷和戚继光革职，并让他们戴罪立功，限期一个月内攻下岑港。

面对荒唐的诏令，戚继光、俞大猷都没有把个人的荣辱放在心上，只要还能带兵打仗，他们就心满意足了。两位爱国将领以"戴罪之身"身先士卒，奋勇作战，最终攻克了倭寇的老巢岑港。

《 横屿焚敌巢 》

倭寇在浙江受到沉重打击，转而进犯福建。其中一支倭寇筑巢于宁德城外海中的横屿（今福建福安南），另外两支筑巢于牛田和林墩，对福建沿海造成严重威胁。嘉靖四十一年（1562年），戚继光奉命入闽剿灭倭寇。

横屿是一个小海岛，离岸约5千米，中间隔着浅滩。涨潮时，海水将岛屿与大陆分开；潮退后，全是泥淖。倭寇在岛上结下大营，并修筑了防御工事。戚继光命士兵每人携一捆干草，顺利地渡过浅滩后，放火焚烧倭巢。

倭寇在火光中四处逃窜，明军乘胜追击，大部分倭寇被歼灭，逃到海上的残余人马也被海水淹死。战斗从开始到结束，只用了半天时间。接着，戚继光又一鼓作气攻下牛田、林墩，铲除了福建的三大倭巢。

《 仙游巧胜众 》

嘉靖四十二年初冬，倭寇又集中了2万多人围攻福建仙游，仙游军民据城死守，双方死伤惨重。

谭纶和戚继光率6000多人马，奉命援救仙游。倭寇在东、南、西、北四门建立了四座巢穴。戚继光当即决定：先派出三路人马，牵制东西北三个贼巢的倭寇；然后，集中优势兵力，粉碎南门倭巢，再各个击破，全歼入侵之敌。

清晨，南门的倭寇利用浓雾攻城。戚继光亲率戚家军从敌人背后发起猛攻。当场斩杀倭寇四五百人，残敌四处逃窜。南门得胜后，戚家军全面出击，打得倭寇丢盔弃甲，全线崩溃，顺利解除了仙游之围。

由于戚继光率领戚家军多次痛歼倭寇，到后来，沿海各地的倭寇只要听说戚家军来了，立即闻风而逃。

戚继光不仅是一位身经百战、文武全才的伟大军事家，还是一位诗人呢！福建仙游大捷之后，戚继光路过武夷山，写过一首著名的《题武夷》，这首诗非常有气势，深为后人称颂。

俞大猷名震南服

明代中叶，在东南沿海抗击倭寇的将领中，与戚继光齐名的是俞大猷，军中称他们两人为"俞龙戚虎"。

俞大猷（1504年—1580年），字志辅，号虚江，福建晋江（今泉州）人。他不仅是明中期抗倭名将、伟大的军事家和民族英雄，而且是明代著名武术家，对少林武术的发扬光大作出过重要贡献。

俞大猷从小习文练武，长大成人之后不仅文才出众，而且武艺高强。嘉靖十四年（1535年），俞大猷以精湛的武功考中武举。

俞大猷同戚继光一样，也是文武全才的抗倭名将。明朝中叶，他在军中与戚继光并称"俞龙戚虎"，他带领明军扫平骚扰东南沿海的倭寇，立下了赫赫战功。俞大猷还是著名武术家，为少林武学作出过重要贡献。

俞大猷

崭露头角

嘉靖二十一年（1542年），蒙古骑兵大举进犯，皇帝下诏选举天下勇士，俞大猷开始崭露头角，被任命为汀漳守备。

俞大猷上任后不久，就赶上福建新兴、平恩一带发生叛乱。俞大猷艺高人胆大，只带了几个随从，就深入虎穴前去会见叛军首领。叛军中有一个头目叫苏青蛇，精通武艺，敢与猛虎格斗。俞大猷在比武时当场将苏青蛇斩杀，其他首领被俞大猷的武功所震慑，从心底钦佩、折服于他。就这样，武艺高强的俞大猷没费一兵一卒，就平定了叛乱。

江浙抗倭

嘉靖三十一年（1552年），倭寇进犯浙东，先后攻陷了宁波、绍兴等地，俞大猷率军前往平乱，很快将倭寇击败，并在海上焚烧倭船50多艘。嘉靖三十三年（1554年），倭寇再次进犯浙东，身为苏松副总兵的俞大猷率领手下官兵奋勇出击，配合前来增援的明军，在王江泾再次大败倭寇。

被打败的倭寇聚集在一起，以太湖为根据地，骚扰常熟、江阴和无锡等地。俞大猷率军在太湖陆泾坝大败倭寇，焚烧倭船30多艘，残余倭寇只得向海外逃窜，俞大猷在海上英勇阻击，再次击沉多艘倭船。

因部分倭寇逃到海上，有人弹劾俞大猷放纵敌人，嘉靖皇帝恼怒，剥夺了俞大猷的世袭特权。俞大猷虽受冤屈，并不气馁，在老鹳嘴赶上倭寇并用火攻焚毁敌船多艘。至此，倭寇再不敢进犯浙东。

嘉靖三十五年（1556年），倭寇避开俞大猷进犯浙西，朝廷任命俞大猷为浙江总兵，不久后，他率兵在沈庄、清水洼大败倭寇。只有盘踞在宁波舟山的倭寇依仗地势险要，继续负隅顽抗。俞大猷趁大雪天，四面攻击，焚毁了倭寇巢穴并将残余倭寇全部歼灭。嘉靖皇帝十分高兴，下诏升任俞大猷为都督同知，并恢复了俞家的世袭特权。

岑港受挫

嘉靖三十六年（1557年），胡宗宪率俞大猷和戚继光两支人马征讨倭寇盘踞的岑港。因为岑港地形复杂，久攻不下。于是，朝廷罢免了俞大猷和戚继光的官职，让他们戴罪立功。

嘉靖三十七年（1558年），俞大猷和戚继光攻占了岑港，少数残敌从岑港逃到福建和广东。朝中有人弹劾俞大猷"纵敌"，嘉靖皇帝大怒，竟然下令逮捕了俞大猷。

俞大猷的好友陆炳用钱财贿赂权臣严世蕃，俞大猷才被释放出狱，到大同巡抚李文进手下任职。在山西大同，俞大猷发明了著名的"独轮车阵"，并在银安堡之战中大败蒙古骑兵。俞大猷再一次被提升为副总兵。

福建抗倭

嘉靖四十一年（1562年），倭寇进犯福建，先攻陷了兴化，然后又盘踞平海卫，四处骚扰。

朝廷任命谭纶为右佥都御史，俞大猷为福建总兵，围剿占据平海卫的倭寇。

谭纶自领中军，以戚继光为先锋，刘显为左军，俞大猷为右军，三路围攻平海卫，斩杀倭寇2000多人，一举攻陷贼巢。接着，俞大猷与戚继光率兵追击，将进犯兴化的倭寇全部歼灭。

嘉靖四十三年（1564年），倭寇纠集2万多人进犯潮州。当地部族的首领伍端、温七、程绍录、梁道辉等人也趁机兴兵作乱。

俞大猷凭借一身武艺，单枪匹马招降了程绍录和梁道辉，生擒了温七。伍端迫于俞大猷的威名，亲自到军中负荆请罪，请求攻打倭寇以弥补自己的过失。俞大猷以伍端为先锋，出兵围攻倭寇，歼灭数百人。侥幸逃脱的倭寇在逃跑的路上被俞大猷的部下全部剿灭。

嘉靖四十五年（1566年），俞大猷因军功升任广西总兵，不久，又晋升为右都督、平蛮将军。因俞大猷抗倭功勋卓著，福建人民在泉州专门修建了俞大猷公园和俞大猷纪念馆。

《 武学大师 》

俞大猷是明代著名的武学大师，现在流传的少林武学与俞大猷有很深的渊源。元朝禁止习武，因此当俞大猷到河南少林寺观摩少林武学时，发现这时的少林武术已经"真诀皆失"。

为光大少林武学，俞大猷在寺中精心指点少林寺僧人棍法，还将两名悟性最好的僧人带回军中亲自传授武艺。后来，倭患日趋严重，少林寺为报答俞大猷，选派武僧下山帮助俞大猷和戚继光抗击倭寇。

少林僧兵队伍中的将领天真、天池、天启、月空等人都擅长棍法，并立下了赫赫战功。

俞大猷是文武全才，他的诗感情豪迈，气势雄伟，后人将俞大猷生平所写的诗歌汇编成《正气堂集》。其中《舟师》《试剑石》《秋日山行》《咏牡丹诗》等深为后人所称道。

露梁海战逞雄威

明万历年间，日本国内政局发生重大变化，丰臣秀吉用武力统一了日本列岛。狂妄的丰臣秀吉上台不久，就制订了一个占领朝鲜、征服中国，进而向南洋扩张的军事侵略计划。

《 日军侵略朝鲜 》

万历二十年（1592年）四月，丰臣秀吉发动了第一次侵朝战争。日本侵略军调集700多艘舰船，渡过朝鲜海峡，在釜山登陆，然后兵分三路攻入朝鲜，很快就占领了汉城（今韩国首尔）、开城和平壤等地。朝鲜国王在危急关头请求明朝出兵相救。

年底，明军入朝参战，开始了长达7年的援朝抗日战争。中朝联军首先收复了平壤和开城，不久，又挥师收复汉城。日军败退朝鲜南部，双方暂时停战。

万历二十五年（1597年），丰臣秀吉发动了第二次侵朝战争。明军再次与朝鲜军队协同作战，大败日本侵略军，将数万日军压缩在朝鲜东南沿海的顺天、泗川一带。1598年夏，丰臣秀吉病死，驻扎朝鲜的日军在巨济岛集结，准备撤退回国。

万历二十六年（1598年），在露梁海峡发生了一场规模巨大的海战。大明水师与朝鲜水师联合作战，重创岛津义弘率领的日本海军主力舰队，击沉、焚毁日军近500艘舰船，日本海军几乎全军覆没。

《 双方军事部署 》

万历二十六年（1598年）农历十一月十一，日军将领小西行长率领船队驶至光阳湾口的猫岛附近时，受到中朝水师的拦击，退路被截断。

处于困境中的小西行长只得向岛津义弘率领的日军主力舰队求救。岛津义弘当即率领一支由500多艘舰船、上万名水军组成的庞大舰队，趁月色向露梁海峡疾驶，企图突入光阳湾，解小西行长之围。

明朝水师总兵陈璘和朝鲜水师统领李舜臣获悉情报后，决心在露梁海峡设伏，歼灭日军水师。

中朝联合舰队部署如下：陈璘率明朝水师主力为左军，进泊竹岛与水门洞之间的海域对日军舰队实施拦截；李舜臣率朝鲜水师为右军，进泊观音浦，与明朝水师形成两面夹击之势。

明朝水师副总兵邓子龙率3艘巨舰在露梁海北侧设伏，等日军舰队通过露梁海峡以后，迂回到后侧发起攻击，切断日军归路。然后，中朝水师从三面向日军发起总攻，争取全歼日军水师。

邓子龙

〖 激战露梁海 〗

十一月十九丑时，岛津义弘率日军主力进入露梁海峡，当即遭到陈璘率领的明朝水师的迎头痛击，只得调头南下。天亮时，日军发现了前面埋伏的朝鲜水师，只好又调头向北航行，又遭到邓子龙部的猛烈攻击。中朝联军三面合围，在露梁海峡与日军展开激战。

据柳成龙撰写的《惩毖录》记载："月挂西山，山影倒海，半边微明，我船无数，从阴影中来，将近贼船，前锋放火炮，呐喊直驶向贼，诸船皆应之。贼知我来，一时鸟铳齐出，声震海中，飞丸落于水中者如雨……"战况十分激烈。

中朝联军驾船逼近日舰，跃上敌船，短兵肉搏。邓子龙率300勇士奋勇冲杀，由于众寡悬殊，邓子龙部被日舰包围，这位七旬老将在海战中以身殉职。激战从清晨持续到正午，明朝水师副将陈蚕、游击季金率援兵到达，中朝联军再次向日军主力舰队发起猛攻。日军战船被焚毁，跳水登岸的士兵又遭到陆上明军的截杀，死伤大半。岛津义弘不支，率部分战船逃入观音浦。

据《朝鲜李忠武公行述》记载，当时的海上："两军突发，左右掩击，炮鼓齐鸣，矢石交下，柴火乱投，杀喊之声，山海同撼。许多倭船，大半延燃，贼兵殊死血战，势不能支，乃进入观音浦……"

朝鲜水师统帅李舜臣率朝鲜水师追入观音浦，与日军血战。日军水师虽损失惨重，仍然做垂死挣扎。

激战中，李舜臣不幸中弹，牺牲前让侄子代替自己指挥水师继续向日军猛攻。

与此同时，陈璘也率领明朝水师追到观音浦，用虎蹲大炮连续轰击，日舰相继起火燃烧，兵士纷纷落水。在中朝两国水师的联合进攻之下，岛津义弘的日本主力舰队几乎被全部歼灭，只有少数残敌得以逃脱。

在这场规模巨大的海战中，两国的联合舰队共击沉、焚毁日本舰船近500艘，歼灭日军上万名。自此，日军赖以发动侵朝战争的海军力量全部丧失殆尽，在200年间再也无力侵略朝鲜了。

郑 收复台湾 成功

在蔚蓝色的东海之中，有一座美丽、富饶的宝岛——台湾岛。岛上气候温暖湿润，有峻峭的山岭、美丽的湖泊和茂密的森林，有古老的火山口和罕见的温泉群。这里不仅仅是天然的动物乐园，还是世界著名的"蝴蝶王国"呢！

自三国时期，我们的祖先便开始开拓、经营这座美丽的海上宝岛了。

元朝建立以后，官方在澎湖设立了巡检司，专门管理这个美丽的海岛。

明朝末年，由于农民起义和八旗军入关，使明朝陷入了困境，荷兰殖民者乘机侵占了台湾。不久，西班牙人也登上了这座宝岛。

1642年，这两伙强盗打了起来，西班牙人战败退走，台湾沦为了荷兰的殖民地。台湾人民多次举行武装起义，都被镇压了下去。直到清康熙元年（1662年），南明延平郡王郑成功跨海东征，才彻底打败了荷兰殖民者，收复了这座美丽的宝岛。

抗清兵威震东南

南明永历皇帝驾下有两位重要的军事统帅，其中一位是在西南边陲"保驾"的晋王李定国，另外一位就是在东南沿海抗拒清兵的延平郡王郑成功。

郑成功（1624年—1662年），原名郑森，号大木，福建南安县石井村人。郑成功的父亲郑芝龙原来是一个海盗首领，在东南沿海、日本和台湾海域都很有势力，他的母亲是日本平户田川家族的人。

郑成功是南明的重要军事将领，被永历帝封为"延平郡王"。他率领明朝军队在东南沿海多次击败清军。为了建立巩固的抗清根据地，郑成功于1662年从荷兰殖民者手中收复了祖国的宝岛台湾。

郑成功幼时随母亲住在日本，后来，郑芝龙接受明朝招安做了官，才把郑成功接回泉州安平镇读书。

今天的安海成功小学，就是郑成功当年读书的地方。

明崇祯十一年（1638年），郑成功考中秀才，后来又进入南京国子监深造。他的老师、著名学者钱谦益为他取号"大木"，希望他能成为国家的栋梁之材。

就在郑成功进入南京国子监的这年，李自成攻破北京，崇祯皇帝殉国。接着，吴三桂当了汉奸，引清兵入关，占据了北京城。

1645年7月，郑芝龙拥戴唐王朱聿键在福州称帝，并改元为"隆武"。郑成功深得隆武帝赏识，被封为忠孝伯、御营中军都督，特赐国姓朱，并改名"成功"。

南明隆武二年（1646年），郑芝龙不听郑成功劝阻，投降了清廷。清军将郑芝龙挟往北京，并发兵攻打郑芝龙的故乡南安。

郑成功的母亲在战乱中自缢身亡。不久，隆武帝朱聿键也在汀州战败被俘，绝食而亡。国恨家仇更加坚定了郑成功抗清的决心。

《 起兵抗清 》

隆武政权灭亡后，郑成功率部下来到金门，收编了郑芝龙的旧部，并于南明永历元年(1647年)，在小金门以"忠孝伯招讨大将军罪臣国姓"的名义誓师反清。

从永历元年开始，郑成功多次率军围攻泉州，都因为寡不敌众，没能取胜，只好退回海上。

南明永历三年(1649年)，永历皇帝朱由榔封郑成功为"延平郡王"，从那以后，郑成功以厦门和金门作为根据地，继续与清军周旋。

南明永历五年(1651年)，郑军在闽南与清军作战，连战连捷，先后攻克了平和、漳浦、诏安、南靖等地。不久，南明定西侯张名振率军加盟，郑成功的军威更加壮大。接着又攻下长泰，围困漳州，并把进犯厦门的清朝水师打得大败，一时间名声大震。

厦门——郑成功水师锚地

南明永历五年农历十一月，郑成功率军攻下漳州，接着，又分兵进击，连续收复了同安、南安、惠安、安溪、德化等多座县城，声势浩大，清廷非常震惊。

《 征战长江 》

南明永历十二年（1658年），郑成功率水陆大军17万与在浙东坚持抗清的南明兵部尚书张煌言的水军会师，大举北伐。可惜，因大军在羊山海域遭遇飓风，兵船损失惨重，只得退回了厦门。

《 议取台湾 》

郑成功虽然起兵多年，统领数万抗清大军，但是一直以金门、厦门等闽南沿海小岛为家，始终没有一块较大的根据地。

两次北伐南京失败后，郑成功所部元气大伤，为了解决数万大军的后勤给养问题，郑成功决定听从部下何斌的建议，收复台湾作为反清复明根据地。

跨海峡登陆宝岛

郑成功制订的作战方案是：先收复澎湖作为前进基地。然后，趁涨潮的机会，通过鹿耳门航道，进入台江，进而收复台湾全岛。

南明永历十五年（1661年）农历二月二十三，郑成功亲自率领将士2.5万多人，分乘数百艘战船，从金门东南海岸的料罗湾出发，驶向大海中的宝岛台湾。

荷兰在台湾岛上的驻军大约有2200多人，并且配备了4艘战舰以及多艘小艇。荷军首领揆一率主力驻军台湾城（今台南市安平古堡，也称南明永历十五年（1661年）农历二月二十三，郑成功率明朝水师横越台湾海峡，到达澎湖群岛。三月初一前夜，郑成功水师在暴风雨中从澎湖出发，利用海上大潮，经鹿耳门航道驶入台江，并向台湾城和赤崁城（今台南市中西区）发起进攻。

热兰遮城）。

荷兰殖民当局在得到郑成功准备率明军进攻台湾的消息后，立即从巴达维亚（今印尼雅加达）派出12艘舰船和600多名士兵增援。

据此，开战前荷兰侵略军的舰船增加到16艘，总兵力也达到了2800多人。

《 荷兰人的梦呓 》

台湾海岸曲折，在台湾城与赤崁城之间有一个内港——台江（今"台江国家公园"）。台湾城在台江的西侧，赤崁城在台江的东侧，两座城互为犄角，易守难攻。台江的西南有7座山屿相连，每座山屿相距约500米，叫作七鲲身（今台南市西南海中）。台江的北面有一座小岛叫北线尾，七鲲身和北线尾之间是大员港，北线尾的北侧是鹿耳门港。

明军从外海进入台江有两条航道：南航道是北线尾与七鲲身之间的大员港，这条航道港宽水深，舰船很容易驶入，但港口有荷兰军舰防守，陆上有重炮防卫。

北航道也叫鹿耳门航道，这条航道水浅，航道也很窄，平时只能通过比较小的船，大船必须在涨潮时才能通行。荷兰人曾经在北线尾岛建了一座炮楼——热堡，以控制北航道。因这座炮楼在一次台风中被毁，荷兰人也就不再派军队防守了。

荷兰人认为，大船在北航道很容易搁浅，郑成功的舰队不敢进入，只要用舰船封锁南航道，再加上台湾城、赤崁城的炮火相配合，完全可

以打败明军。

《 顺利登陆 》

南明永历十五年二月二十四早晨，郑成功率水师横越台湾海峡，占领了澎湖列岛。第二天，郑成功选派4位将领留守澎湖，自己亲率水师主力从澎湖出发进攻台湾。

四月初一前夜，郑成功亲自率领船队同风浪搏斗了大半夜，终于在拂晓到达了鹿耳门港外面。郑成功换乘小船，由鹿耳门登上北线尾，察看地形，然后又派出潜水健儿，进入台江内海侦察荷兰人的军事布防。

郑成功早已掌握了潮汛的规律，知道每月初一、十六两日大潮时，鹿耳门港水位比平时要高约五六尺（2米左右），战船可以顺利通过。他率军从澎湖冒狂风巨浪而进，就是为了赶在初一大潮时从鹿耳门港登陆。

初一中午，果然海潮大涨，郑成功下令起航，明军大小战舰顺利通过鹿耳门航道，并兵分两路：其中一路登上北线尾，主力舰队则直接驶入台江。

荷兰军方错误地判断郑成功船队必然从南航道驶入

鹿耳门港

台港，已经准备好用海防大炮拦截。没想到郑成功的水师却从鹿耳门航道浩浩荡荡驶入了台江。由于明水师远在荷兰人的火炮射程之外，荷兰侵略者完全束手无策。

郑成功指挥水师舰船沿着预先测好的航道进入台江后，迅速在禾寮港登陆，并切断了台湾城与赤崁城之间的联系，以重兵包围了赤崁城的荷兰守军。

《 巩固战果 》

坐镇赤崁城的荷军司令官描难实叮手下有400多人，驻扎在台湾城的荷兰侵略军长官揆一手下约有1100多人，并配备了4艘战舰。荷兰殖民当局虽然兵力不多，气焰却十分嚣张，他们狂妄地叫嚣："25个中国人合在一起也比不上一个荷兰士兵，只要放上一阵排枪，打中几个人，他们便会吓得四散逃跑，全部瓦解。"

揆一组织兵力，分三路向明军发起反扑：第一路，由战舰向停泊在台江的明水师主力发动进攻；第二路，由贝德尔上尉率240名士兵攻打占领北线尾的明军；第三路，阿尔多普上尉率200名士兵乘船走水路增援赤崁城。

荷兰人的反扑早在郑成功的预料之中，他在部队顺利登陆后就调整了部署：第一，命令部将王大雄、陈蟒率领战船控制鹿耳门港，接应第二梯队登陆；第二，命令陈泽率兵防守北线尾，以保障主力侧后的安全，并且形成对台湾城荷军的前后夹击之势；第三，选派将领率舰船严密监视台江海面，为从海、陆两面打败荷兰侵略军的反扑做好准备。

《 激战北线尾 》

北线尾的战斗是最先打响的。北线尾是一个不到一平方公里的小小

沙洲，南端与台湾城相对，北端临鹿耳门航道。

荷军贝德尔上尉趁明军刚刚登陆，率领240名士兵，乘船沿台江岸边急驶北线尾。上岸后，立即兵分两路向明军发起攻击。

贝德尔上尉指挥荷军以战斗队形施放排枪，逐步逼近占领北线尾的明军。

明将陈泽让手下士兵大部分从正面迎击，分出小部分兵力迂回到敌军侧后，进行夹击。战斗一开始，荷军就陷入了困境。据荷兰方面的文献记载，明军"箭如骤雨，连天空似乎都昏黑起来"。

荷军指挥官贝德尔发现腹背受敌，吓得手足无措。他手下的士兵更是勇气全失，在极度的恐惧下，许多人甚至还没有开火就扔掉了手中的枪，抱头鼠窜，落荒而逃了。这一战，荷军全部被歼灭，贝德尔上尉也被击毙。

南路增援赤崁城的荷军也败得很惨。这支200人组成的援军在阿尔多普上尉的率领下乘船沿台江南岸驶往赤崁城，企图为描难实叮解围。

郑成功发现后，立即命令将士还击。号称军中"铁人"的重甲步兵部队的将士们挥舞大刀奋勇冲杀。200名荷军士兵有60多名刚爬上岸，就被"铁人"消灭殆尽，阿尔多普上尉只好率残部逃回了台湾城。

《 水战歼敌 》

贝德尔战死，阿尔多普大败，让赤崁城的守军越发着急了；指挥官描难实叮派人前往台湾城，要求揆一再派100人救援赤崁城。

揆一和台湾城的荷兰军官们一致认为，台湾城兵力不足，处境已经十分危险，如果再派出一支援军，用来保卫台湾城的全部后备兵力将不足500人。因此，决定派海军舰艇前往救援。

荷兰海军派出仅有的4艘海军舰艇向明水师发起攻击。

郑成功派出手下水师将领率60艘战船迎战荷兰海军。

双方在台江海面发生激战，荷舰"赫克托"号首先被击沉，其他3艘荷兰战舰也陷入重围。明军将士冒着炮火登上"格拉弗兰"号战舰，砍断了船缆，用铁链扣住了敌舰桅杆，放火焚烧。

这一战，荷兰海军舰船一艘被击沉，两艘受到重创，通信船"伯玛丽亚"号在战败后逃往巴达维亚。台湾城和赤崁城都陷入了困境。

胜顽敌收复坚城

南明永历十六年（1662年）二月初一，荷兰驻台湾长官揆一签字投降。荷兰殖民当局交出了所有的城堡、武器和物资。至此，荷兰殖民当局在台湾38年的统治宣告结束，美丽的宝岛台湾终于回到了祖国的怀抱。

荷兰殖民军在海上、陆上的反扑均告失败，赤崁城和台湾城相互间的联系被割断，已经成了两座孤立的城堡。据荷方的文献记载：当时，赤崁城守军力量单薄，处境危急，台湾城更是完全处于明军重兵包围之中。

《 收复赤嵌 》

郑成功打退了荷兰人在陆上和海上的反扑之后，更加紧了对赤崁城的包围。这座城堡周围45丈（12米），高3.6丈（150米），城墙上有4座炮楼。

四月初三，明军在赤崁城外抓到了描难实叮的弟弟和弟媳。郑成功派他们回到城中劝说描难实叮投降。接着，又派部将杨朝栋和翻译前去劝降，并表示只要投降，绝对不伤害他们，并且允许荷兰人带走自己的

个人财产。

四月初四，赤崁城的水源被台湾人民切断。描难实叮认识到，在内无粮草、外无救兵的情况下困守孤城只有死路一条，于是就挂起白旗投降了。这样，郑成功在登陆后的第四天，就收复了赤崁城。

描难实叮投降后，奉郑成功的命令前往台湾城劝揆一投降，遭到了揆一的拒绝。

郑成功和部下将领分析形势，认为不对荷兰入侵者进行痛击，他们是不肯投降的。于是，郑成功命令大部队从七鲲身南端登陆，收紧了对台湾城的包围圈，准备进攻台湾城。

〖 围困台湾城 〗

此时，台湾城内缺粮、缺水，守城的荷军已经陷入绝境。但是，荷军最高指挥官揆一仍然想利用台湾城的坚固城池和威力强大的火炮坚守孤城，并寄希望于巴达维亚派来的援军。

台湾城是荷兰殖民者在台湾的统治中心，城堡坚固，防御设施十分完整。城周长200多丈（600多米），高3丈多（10米），分3层，下层深入地下1丈（3米）多，城四隅向外突出，安放了几十尊大炮。

此时，台湾城内有荷军800多人，荷军炮火密集，射程也很远，可以封锁周围的每一条通道。因此，揆一决心凭借城坚炮利继续顽抗。

郑成功迫降赤崁城后，就派兵占据了七鲲身。荷军为了打破明军的封锁，也派兵前来争夺七鲲身。双方遭遇，荷军还没来得及展开队形，就被郑成功手下的藤牌军冲垮了，一阵砍杀后死伤过半，其余的士兵狼狈逃回了台湾城。

郑成功一方面积极准备攻城，另一方面写信给揆一，劝他投降。接着，又调集了28门大炮，在四月二十四凌晨摧毁了台湾城的大部分城墙。荷军在城上集中枪炮还击，并企图冲出城垣抢夺明军的大炮，但是，被弓箭手击退。

因为台湾城城坚炮利，强攻损失太大，郑成功决定采取"长期围困，俟其自降"的方针。他一方面派兵紧紧围困荷军，另一方面命其余兵力分驻各地开始屯垦，做出了打持久战的决策。

五月初二，明军第二梯队6000多人在大将黄安的率领下，乘20多艘舰船抵达台湾城。明军的兵力得到加强后，封锁了所有通向城堡的道路，并开挖了很宽的壕沟，死死困住荷军。

在这期间，郑成功第三次写信劝揆一投降。但揆一仍幻想巴达维亚会派兵增援，拒绝投降。

五月二十八，巴达维亚的荷兰殖民当局得到了赤崁城战败和台湾城被围的消息，拼凑了700名士兵、10艘军舰，由雅科布·考乌率领，经过38天航行，于七月十八到达了台湾海面。

雅科布·考乌看见明军水师阵容雄壮，加之风浪很大，始终不敢发动攻击。

荷兰援军在海上停泊了近一个月，才派出5艘战舰向台湾海面靠近。结果一艘战舰"厄克"号触礁沉没，船上的荷兰士兵全部被明军俘虏。

七月二十一，荷兰殖民军队分水、陆两路向明军发起进攻。

海上，荷兰军舰企图迂回到明水师侧后，放火焚烧舰船。但明军早已隐蔽在岸边，敌舰闯入伏击圈后，立即万炮齐发。经过一小时的激战，明水师击毁荷兰海军舰船两艘，俘获小艇3艘；其余的荷兰舰船逃到远海再也不敢与明军交战。陆上，荷兰军队在明军的打击之下，同样

遭到惨败，龟缩回了台湾城中。

台湾城被围困数月，荷兰军队的军粮、弹药得不到补给，士气十分低落，已经不愿意再战。十月，揆一做了最后的垂死挣扎，他决定与清军联合，共同夹击郑成功。

揆一派使者到福建后，清军要求荷兰人先派战舰帮助他们攻打明军坚守的厦门，然后才能帮助荷军解台湾之围。荷兰军方只好下令让雅科布·考乌率领漂泊在远海上的3艘战舰和2只小艇前去袭击厦门。

但是，雅科布·考乌早已被郑成功的水师打得吓破了胆，根本无心再战，中途转舵逃回了巴达维亚。荷军勾结清军夹击明军的企图落空，士气更加低落，不少士兵为了活命，陆续离开城堡向明军投降。

《 胜顽敌收复坚城 》

郑成功从俘虏口中了解到荷军企图勾结清军夹击自己的情况后，决定从封锁包围战术转为进攻，在对方从巴达维亚和清朝获得救兵之前攻克台湾城，全面结束战斗。为此，明军增建了三座炮台，以强大火力遏制荷军的火炮。

南明永历十六年（1662年）元月二十五日清晨，郑成功下令用大炮猛轰荷军占据的制高点——乌特利支圆堡。两个小时之内，明军发射炮弹2500发，在这座城堡南部打开了一个大缺口，并占领了这座城堡。

明军在占据乌特利支圆堡后，立即把它改建成了炮台，向台湾城猛烈轰击。

此时，台湾城被围已经9个多月，荷军死伤达1600多人，能参加战斗的士兵只剩不足三分之一了，而且已经弹尽粮绝，早已陷入绝境。现在制高点又被明军占领，揆一深深感到，再打下去肯定是死路一条。

台湾荷兰殖民当局召开紧急会议，大家一致认定："如果继续打下去，死亡的命运必将降临到每个人头上，而且对东印度公司也没有任何好处。"

在这种情况下，走投无路的揆一只得同意郑成功的条件，表示："愿罢兵约降，请乞归国。"

南明永历十六年（1662年）二月初一，荷兰驻台湾长官揆一签字投降。荷军交出了所有的城堡、武器和物资。揆一率领包括伤病员在内的900多荷兰军民乘船撤离了台湾。

至此，荷兰侵略者在台湾38年的殖民统治宣告结束，美丽的宝岛台湾终于回到了祖国的怀抱。